アメリカ
コミュニティカレッジの
補習教育

谷川 裕稔 著

大学教育出版

まえがき

　本書は，アメリカ・コミュニティ・カレッジの「補習教育」の実践を考察することを通して，日本の大学・短期大学の「補習教育」のあり方を考えようとするものである．

　アメリカの高等教育機関は，その誕生期より「補習教育」プログラムをもっていた．学力不足の学生に対して，適切な教育機会を提供することがアメリカ高等教育機関の伝統的責務だった．なかでも，コミュニティ・カレッジは，「学力的に十分ではない学生」を積極的に引き受けてきた．コミュニティ・カレッジの「補習教育」は，伝統的に「カレッジ・ワーク」への準備教育を指す．そして，その教育内容は，各コミュニティ・カレッジが設定する「学力要件」に届かない学生に対して施す「リーディング」「ライティング」「数学」などのカレッジ準備科目（学習技能科目：skill courses）である．しかし，1960年代から概念拡大が生じ，「成人基礎教育」「GEDテスト準備」「ハイスクール卒業資格取得」などの識字教育レベルから中等教育レベルのプログラムも「補習教育」概念枠組みのなかに含まれるようになってきた．「補習教育」を効果的なものにするための学習環境としてスキル科目の「批判的思考技術」，「スタディ・スキルズ」「新入生セミナー」にみられるオリエンテーション科目などに加えて，「カウンセリング」「チュータ制度」などの補助サービスが施されている．施設としては，「学習支援センター」「個人学習室」を所有しているのが一般的である．

　一方，周知のように，日本の大学・短期大学においても「補習教育」が行われている．日本では，「補習教育」の総称として「リメディアル教育」「ガイダンス教育」というタームがあてられ，そのタームは広く定着しつつある．しかし，それらのタームの概念領域は互いに重畳し，両概念の枠組

み（棲み分け）が必ずしも明確なものにはなっていない．

　例えば，基本的に「リメディアル教育」とは，「正規の大学の学習についていけない学生達の学力向上のための教育」であり，特には「新入生向けに開講する中等教育レベルの『物理』『化学』『数学』『基礎英語』などの科目」を指す[1]．このように，「リメディアル教育」は，大学教育を受けるための十分な学力をもたない学生に対して，基礎的な教育を施すことをいう．その内容は「中等教育」科目の復習という意味合いが強く，直接「カレッジ」科目をフォローするための営為ではない．

　しかし，実際には「リメディアル教育」を広義に捉えている大学・短期大学が大半である．例えば，大学・短期大学関係者は「中等教育レベルの補習的内容」に加えて，「基礎ゼミ」などの大学教育への準備教育，「文献の読み方」「議論の仕方」「レポート作成法」「図書館の利用法」などにみられる「スタディ・スキルズ」，新入生の「総合的な力」を把握するために行われる「個別カウンセリング」「ガイダンス」なども「リメディアル教育」として捉えている[2]．つまり，「リメディアル教育」は，「中等教育と高等教育の連続性を重視した補習」と「中等教育と高等教育との差異を明確にするための大学準備教育」の2つの意味合いを内包しているのである[3]．

　これは，「ガイダンス教育」と「リメディアル教育」との概念領域をみえにくくする要因となった．例えばガイダンス教育研究会は，「基礎教育」の「教養演習・専門準備演習」のなかに「リメディアル教育」を位置づけているが[4]，「補完的に行われるリメディアル教育がガイダンス教育であるかどうかは，われわれの研究会では十分な議論と結論が出ているわけではない」[5]という見解を示す．というのも，同研究会は「ガイダンス教育」を「学生が『大学生』として生活していくための教育」，つまりは「学生が学生であるための準備教育」と定義づけていることもあり，このことは先に示した「リメディアル教育」の2つの側面のひとつを包摂することになるからである．同研究会によれば，「ガイダンス教育」には「意識」「知識」「スキ

ル」の3本の柱があるという．なかでも，「スキル」は「学ぶ」ための様々な能力に関する教育であり，「ノートの取り方」「文献の検索法」「議論やプレゼンテーションの方法」など，「リメディアル教育」の拡大概念による内容と重なる[6]．

　以上のように，日本においては，「補習教育」の実践は緒についたばかりということもあり，「リメディアル教育」と「ガイダンス教育」の概念領域の不明瞭さなど，その実践は手探り状態である．そこで，筆者は，コミュニティ・カレッジの「補習教育」の実態をたどることによって，日本の高等教育の「補習教育」のあり方について意味のある示唆や視点を得ることができるのではないかと考えた．なるほど，コミュニティ・カレッジの「補習教育」には様々な問題が山積している．詳述は本文に譲るが，コミュニティ・カレッジの「補習教育」も，実際には，試行錯誤のなかで実践が行われている．加えて，アメリカ・日本の両国間では，高等教育の制度的特性やその発展経緯，社会状況や文化的特徴にも大きな相違がみられることもあり，「補習教育」に対する捉え方も異なることが予想される．アメリカの実践をそのまま日本の実践にあてはめるのは早計であろう．それでも，コミュニティ・カレッジの「補習教育」について検討することは，意義深いと考える．特には次の3点から，「成功面」「失敗面」も含めて検討する価値があるように思われる．

(1)「リメディアル教育」と「ガイダンス教育」の概念重畳の打開策．
(2) ユニバーサル化のなかでの低学力者に対する取り組み（①高等教育機関の取り組み，②「補習教育」担当教員の取り組み）．
(3)「補習教育」から「カレッジ・ワーク」への連続性（①「基礎必須教育」科目としての「補習教育」科目から「専門教育」科目への流れ，②「補習教育」の要素を含む「専門教育」科目のあり方）．

(1)は〈第2章〉で検討するが，アメリカ・コミュニティ・カレッジの「補習教育」は経験してきたことである．コミュニティ・カレッジの場合，「補習教育」に対する多様な呼称が「補習教育」での内容を混乱させ，「補習教育」実践者達の取り組む姿勢を拡散させてきた．数あるタームのなかで'developmental'を採択することによる概念拡大をもって混乱は帰結することになった．(2)は〈第3章・4章〉で詳述するが，コミュニティ・カレッジは，「補習教育」をカレッジ・カリキュラムのなかに組み入れることにより，アメリカ高等教育の大衆化（ユニバーサル化）の流れに対応してきた．結果として，「補習教育」は，カレッジ・カリキュラムの「基幹的プログラム」となった．(3)はすでに日本の大学・短期大学で実践されている（ようとしている）ことである．〈第4章〉で検討する事例は，今後の日本における高等教育のカレッジ・カリキュラムを考える上において示唆的である．

　コミュニティ・カレッジはそれぞれ独自の文化や地域性をもつ．であるから，その「補習教育」内容は多種多様であり，ある特定の事例をもってその実態を一般化することは困難である．しかし，それでも一定の規則性はもっている．つまり，ほぼすべてのコミュニティ・カレッジの教育機能は本質的に共通しているのである．そこで本書は，一般的傾向としての「補習教育」へ迫るために，管見のおよぶ限り全米各地のコミュニティ・カレッジの事例研究に関する文献・資料に目を通すと同時に，鍵人物となる研究者・教育実践者に筆者が直接インタビューやアンケート調査などを行った．なお，筆者が行ったアンケート結果を整理する際，コミュニティ・カレッジを「都会系カレッジ」(urban college)，「地方系カレッジ」(rural college)，「郊外系カレッジ」(suburban college)，「小都市系カレッジ」(small-town college) という設置地域区分を意識し検討した．というのも，共通の教育機能をもつコミュニティ・カレッジではあるが，教育機能に対

するプライオリティ（①どの教育機能を優先機能とするのか，②個々の教育機能のなかで何に重点的に取り組むのか）には，設置地域が求めるニーズによって，温度差が存在することが予想されるからである．本書では，特に②を意識した．

しかし，コミュニティ・カレッジに関する研究は膨大な数にのぼる．であるから，本書は限られた文献・資料・アンケートのなかでの「補習教育」についてのささやかな報告ということになる．無理解や誤解の点があれば，ご指摘いただければ幸いである．

なお，本書の内容は，神戸大学大学院文化学研究科に提出した学位請求論文（「米国コミュニティ・カレッジの『大学機能』についての研究―『補習教育』との係わりを中心に―」2000年3月）の一部（約半分の章）を，加筆修正したものである．

[註]
 1) 荒井克弘・羽田貴史「大学におけるリメディアル教育」広島大学大学教育センター『大学のリメディアル教育』, 1996, pp.1-7.
 2) 「特集 大学"教育"改革の胎動」『Between』154号, 1999, pp.8-15.
 3) 同上書, pp.8-15.
 4) 「『ガイダンス教育』の全体像」『Between』155号, 1999, pp.42-47.
 5) 同上書, p.45.
 6) 同上書, pp.42-47.

アメリカ・コミュニティ・カレッジの補習教育

目　次

まえがき ………………………………………………………………… *1*

第1章　コミュニティ・カレッジの「カレッジ・ワーク」………… *15*
第1節　コミュニティ・カレッジの概要 ………………………… *15*
第2節　連邦・州政府が高等教育機関に求める期待
　　　　　　―「高等教育（機関）」と「地域経済発展」― ……… *18*
1．学生の要望への対応　―Boyer, E.L. の見解― 　*19*
2．経済発展に貢献する高等教育機関　―国家（州）の期待―　*19*
　(1) Kerr, C. の見解　*19*
　(2) Parnell, D. の見解　*20*
第3節　コミュニティ・カレッジの「大学教育」……………… *22*
1．コミュニティ・カレッジに期待される役割　*22*
　(1) 地域経済発展とコミュニティ・カレッジ　*22*
　(2) 「人材育成」のための教育　―コミュニティ・カレッジの実践―　*23*
　(3) 教育内容――「識字教育レベル」から「大学教育レベル」まで　*26*
2．コミュニティ・カレッジの「大学教育」(collegiate education)　*28*
　(1) 「一般教育」と「職業教育」との連関　*28*
　(2) 大学教育の内容　*31*
　(3) 教育レベルの設定　*33*

第2章　「補習教育」の概念枠組み ………………………………… *47*
第1節　歴史的展開 ………………………………………………… *47*
1．「概念拡大」前期（1960～1970）　*48*
2．「概念拡大」後期（1970～1980）　*49*
3．専門性の確立期（1980～1990）　*51*

4．「補習教育」提供機関としての定着期（1990〜現在）　*52*

第2節　概念的把握と基本的枠組み ………………………………………… *53*

　　1．「補習教育」の概念枠組み設定とその背景　*53*

　　　(1) 枠組みと関連ターム　*53*

　　　(2) 概念拡大の背景　*54*

　　2．"remedial education" と "developmental education" の概念比較　*55*

　　　(1)「タームが含意する意味」（TERMS DISCRIBED）　*55*

　　　(2)「タームの相違点」（TERMS DISTINGUISHED）　*56*

　　3．「補習教育」の基本的枠組み　*58*

第3節　"developmental education" の日本語訳出 ………………………… *62*

　　1．'developmental' の語義　*63*

　　　(1) 'development (al)' の語幹　*63*

　　　(2) 'development (al)' の語義　*63*

　　2．日本語訳出の可能性　*64*

　　3．"developmental education" ＝「発達教育」　*66*

第3章　「補習教育」の実状 …………………………………………………… *75*

第1節　カレッジ前レベルの「補習教育」 ………………………………… *75*

　　1．全米教育統計センターによる調査結果　*76*

　　　(1)「補習教育」科目の提供状況　*76*

　　　(2) 科目数　*77*

　　　(3) 新入生の登録状況　*77*

　　　(4) 平均修学年数　*78*

　　　(5)「補習教育」の成功（修了）率　*79*

　　　(6) 新入生の定着率　*80*

　　　(7)「補習教育」科目に単位を認めているか否か　*80*

　　　(8)「必修科目」か「推奨」か　*81*

(9) 登録（履修）形態　*82*
　　　(10) 選抜方法　*83*
　　　(11) 実施時間帯　*83*
　2．問題点と課題　―カレッジ前レベルの「補習教育」―　*84*
　　(1)「補習教育ジャーナル」誌から抽出した問題点　*85*
　　　A．「教員」側の問題点　*85*
　　　（a）教員研修　*85*
　　　（b）精神的・物質的負担　*85*
　　　B．「学生」側の問題点　*86*
　　　（a）学生の特質　―ネガティブな自己イメージ―　*86*
　　　（b）学生の定着　*87*
　　　（c）財源不足　―予算配分―　*88*
　　(2) アンケート調査から抽出した問題点　*88*
　　　A．「教員」側の問題点　*90*
　　　B．「学生」側の問題点　*91*
　　　C．予算配分　―財源の獲得―　*92*
　　　D．その他　*93*

第2節　非カレッジ・レベルの「補習教育」……………………………… *93*
　1．基礎学習技能（basic skills）　*94*
　　(1) 州財政援助によって運営されるプログラム　*94*
　　(2) 企業や団体などの寄付金や補助金により運営されるプログラム　*95*
　2．現在の問題点と今後の課題　*96*
　　(1)「ハイスクール卒業資格取得」プログラムの問題点　*96*
　　(2) 今後の課題　*97*

第3節　「補習教育」担当教員の取り組み……………………………… *98*
　1．授業形態と教授法　*99*
　　(1) クラス編成　*99*
　　(2) 授業形態　*100*
　　(3) 担当教員の所属部局　*101*

(4) 教　材　*102*
　　　(5) 授業料　*102*
　　2．教員研修（Faculty Development）　*103*
　　　(1) 教員研修プログラムの実施機関　*103*
　　　(2) アパラチアン州立大学の実践　―資格取得実用講座―　*103*

第4章　カレッジ・ワークとの連続性……………………………………… *115*

第1節　アカデミック・レベルの低下 ……………………………………… *115*

第2節　基幹的プログラムとしての「補習教育」 ………………………… *119*
　　1．「補習教育」提供機関的性格を内包するコミュニティ・カレッジ　*119*
　　　(1) 研究者の視点　*119*
　　　(2) 「補習教育」提供機関としての役割　*121*
　　2．「補習教育」の要素を内包する「一般教育」科目　*122*
　　　(1) 「一般教育」の概観　*122*
　　　(2) 「補習教育」の要素を内包することになる背景　*124*
　　　(3) 「一般教育」の教育内容の実態　*125*
　　　　A．CSCC と NCAAT の調査結果　*125*
　　　　B．コミュニティ・カレッジの実践　*127*
　　3．「学生の定着」に貢献する「補習教育」　*129*
　　　(1) 総合教育プログラムとしての「補習教育」の役割
　　　　　　　　　　　　―「定着」率への影響―　*129*
　　　(2) 「定着」の実態　*132*

第3節　カレッジ前レベルの「補習教育」と
　　　　　　　　「カレッジ・ワーク」との連続性
　　　　　―「分離学科」型対「学科統合」型論争を通して― ……………… *135*
　　1．「補習教育」実施形態の概要　*136*
　　2．「分離学科」型　―Roueche, J.E.の見解―　*138*

3．「学科統合」型 ― Cohen, A.M.の見解― 　*140*
　第4節　「連続性」を効率的にするための施策 ………………………… *143*
　　1．カレッジ前レベルの「補習教育」科目と「カレッジ」科目との関わり　*143*
　　　(1)「補習教育」実施形態を巡る論争から学ぶ「効率性」　*143*
　　　(2)「カレッジ」科目内容の体系化　*144*
　　2．非カレッジ・レベルの「補習教育」と
　　　　　　カレッジ前レベルの「補習教育」の関わり　*146*
　　　(1)「補習教育」(developmental education) 内での連続性　*146*
　　　(2) カレッジ前レベルの「補習教育」の実状　*147*
　　3．ひとつの提言　*148*

主要「補習教育」協会 ……………………………………………… *160*

初出一覧 …………………………………………………………… *162*

あとがき …………………………………………………………… *163*

索引 ………………………………………………………………… *166*

アメリカ・コミュニティ・カレッジの
補習教育

第1章 コミュニティ・カレッジの「カレッジ・ワーク」

本章では，コミュニティ・カレッジの「カレッジ・ワーク」[1]について考察することを目的としたい．というのも，「カレッジ・カリキュラム」[2]上での「補習教育」の位置づけを導出するとき，そのような作業が不可欠と考えるからである．

第1節 コミュニティ・カレッジの概要

まずは，コミュニティ・カレッジについて簡単にまとめてみたい．
現在コミュニティ・カレッジは，他の高等教育機関に追随を許さないほどの多様な教育機能を備えた公立（州立・市立・郡立）2年制短期大学として成長し，その数は，アメリカ高等教育機関のなかで3分の1を占めるまでになっている[3]．理由として，自らの存続のために，特に社会的要求に応えざるを得なかったという歴史的経緯がある．その柔軟さが，多様な教育機能を包摂する総合教育機関となり得たのである．結果として，アメリカ高等教育の大衆化を牽引することになった[4]．
しかし，コミュニティ・カレッジにはその誕生時より同カレッジを囲繞する様々な批判が存在する．それは主として，4年制大学・カレッジ[5]に所属する研究者あるいは，コミュニティ・カレッジの管理職など，教育実践者[6]達からの指摘である．彼らの疑念は，主としてコミュニティ・カレッジの教育機能についての手厳しいものである．要約すれば，コミュニテ

ィ・サービスを槓杆とする多様な教育機能（内容）を引き受けてきたことの代価として，「高等教育機関（4年制大学・カレッジの前期課程）としての役割（機能）が拡散してしまった状態にある」[7]ということになる．この論調は，敷衍的視角として ①高等教育機関（4年制大学・カレッジの前期課程）に値する役割を果たしている（きた）のか，という教育内容レベルについての Jencks, C., Riesman, D., Mayhew, L.B. らによる指摘[8]，②コミュニティ・カレッジが高等教育システムのトラッキングのなかで最底辺に位置づけられていると捉える Clark, B.R., Karabel, J., Zwerling, L.S., Pincus, F.L., Grub, W.N., Dougharty, K., Brint, S. らによる教育機能・社会階級（構造）批判[9]，などに分類される．これらの論調は，「教育機能不全」論ということにパラフレイズできる．この「教育機能不全」論は，コミュニティ・カレッジが高等教育機関のなかでどのような役割を果たすべきか，つまりは「生涯学習機能も含めてどのような教育機関として自らを位置づけるのか」という，「高等教育機関（4年制大学・カレッジの前期課程）としての独自性確立」を促す提言へと帰結することになる[10]．コミュニティ・カレッジの特性である教育機能の柔軟性がサービスの多様化への道を歩むこととなり，結果として，高等教育機関（4年制大学・カレッジの前期課程）としての役割を漸減させてきた経緯を，彼らは批判理由として挙げているのである．

　様々な形態のコミュニティ・カレッジが存在する．例えば全米コミュニティ・カレッジ協会は，その設置形態から「公立コミュニティ・カレッジ」(Public Community College)，「4年制大学の前期課程をもつ分校」(Branch Campuses of Colleges and Universities)，「種族系」(Tribal Colleges) と分類する．ピーターソンズは，「都会系カレッジ」(urban college)，「地方系カレッジ」(rural college)，「郊外系カレッジ」(suburban college)，「小都市系」(small-town college) など設置地域別に分類する[11]．Scott, P., Parnell, D. らは，「都会系カレッジ」と「地方系カレッジ」によってその

教育機能が異なることを指摘する[12]. しかし, その基本的性格については, コミュニティ・カレッジ研究者・教育実践者らは, ①高い地域性, ② 18 歳以上で入学を希望する地域住民はすべて入学を許可されるというオープン・アドミッション制の実施, ③車通学において 1 時間以内の通学圏内に分布, ④低廉な授業料, ⑤半専門的職業資格・教育の提供, ⑥準学士号 (associate degree) の授与, という認識で通底している[13].

コミュニティ・カレッジの伝統的な教育機能は, 以下のように集約できる.

① 転学準備機能 (college transfer preparation)
② 職業技術教育機能 (vocational technical education)
③ 継続教育機能 (continuing education)
④ コミュニティ・サービス機能 (community service)
⑤ 補習教育機能 (remedial / developmental education)[14]

このように, コミュニティ・カレッジは, 多機能という意味において総合教育機関である.

コミュニティ・カレッジの学生 (学習者)[15] の特性としては, 4 年制大学・カレッジに学ぶそれと比べ, ①社会経済的低階層出身者の多さ (父親の教育レベル・収入が相対的に低い), ②少数民族の割合の高さ, ③平均年齢の高さ, ④勤労学生の多さ, ⑤識字教育レベルに学ぶ学生の多さ, ⑥パート・タイム学生の多さ (コミュニティ・カレッジ登録学生の約 70%), などを挙げることができる[16].

2 年制短期大学には, 私立の 2 年制短期大学がある. その教育内容は主として 4 年制大学・カレッジへの転学のための「リベラル・アーツ」(liberal arts), 「一般教育」(general education) であり, 「職業教育」をはじめとする様々な教育プログラムを提供するコミュニティ・カレッジ (公立 2 年制短期大学) とは一線を画している. 一般的に, 私立の 2 年制短期大

学は,ジュニア・カレッジと呼ばれている.

第2節 連邦・州政府が高等教育機関に求める期待
―「高等教育(機関)」と「地域経済発展」―

コミュニティ・カレッジの「カレッジ・ワーク」を考えるとき,アメリカの「高等教育」概念についての指標を示しておく必要がある.しかし,「高等教育」概念についての解釈はそれぞれの国によって様々であることに加えて,一つの国においても多様な解釈があるため,一般的認識へと導くのは容易ではない[17].アメリカの場合も同様である.20世紀初期にFlexner, A.は,アメリカでは"university"というタームは常に「あいまい」(loosely)なものとして扱われている[18]と指摘したが,その流れは現在まで連綿と続いているのである.

しかし,近年アメリカでは「アメリカ高等教育」概念の指標を,「経済」と「高等教育機関」との関係に置きはじめてきた.これは,地域経済も含めた「経済発展に貢献する教育機関」としての役割を高等教育機関に期待するという観点である.ところで,ここでの「地域経済」の「地域」とは,広義では「州全体」,狭義では地域州立総合4年制大学あるいはコミュニティ・カレッジなどの「学区域」を指す.

この「アメリカ高等教育」概念についての捉え方は,一定の説得力をもつ.というのも,Callahan, R.E., Cohen, A.M., Brawer, F.B., Solomon, R.C., Solomon, J.らの指摘にもあるように,19世紀後半よりアメリカでは4年制大学・カレッジでの「大学教育」と「職業・経済」(労働市場)は,伝統的に不可避的関係[19]だからである.

この指標は,①学生の要望への対応,②経済発展に貢献する教育機関としての連邦・州政府の期待,という2つの視点を包摂している.前者は,

高等教育機関の第一義的な関心は「学生に奉仕」することにある,という視点[20].後者は,地域経済や激烈化する国際経済競争への関与も含めた「経済発展に貢献する教育機関」としての役割を高等教育機関に期待する,という視点である[21].

1.学生の要望への対応 ―Boyer, E.L. の見解―

Boyer, E.L. によれば,高等教育機関の大半は,学生の獲得に主眼を置くあまり,学生の要望に迎合する教育内容になったという.この状況をBoyer, E.L. は,「大学の目標をめぐる混乱」と位置づける.多くの高等教育機関は,建学の精神や使命感を見失ってしまっているというのである[22].

この場合,学生が高等教育機関に期待する役割とは,キャリアに役立つ就職指導とそれに直接関連性のある職業専門教育(科目)の履修である.結果として,技能の訓練に重点を置いた狭い意味での職業重視の教育内容が大学教育を支配することになった.就職第一主義の教育内容への変化である[23].つまり,「知識の断片化」「学科の細分化」「実学至上主義」が,カレッジ・ワークの最たる特徴となってしまったというのである[24].背景には,1980年代のReagan, D. 政権時代の経済不況がある.

実際,大学教育の目的は,州・連邦政府および企業に「訓練された雇用者」を提供することとなり,「高等教育」は,限られた知識をもつ技術者を企業に供給するプロセスになっている[25].

2.経済発展に貢献する高等教育機関 ―国家(州)の期待―

(1) Kerr, C. の見解

Kerr, C. は,「経済」と高等教育機関との関わりについては限定的見解を示しているが,高等教育機関が「労働市場への人材供給」に果たす役割の

重要性は認めている[26]．アメリカは「高等教育」において「ユニバーサル・アクセス」(universal access) を完成させた最初の国であり，今後は「多元的高等教育」(pluralistic higher education) への道を歩むであろうという見解を示す[27]．また，アメリカの「高等教育」は，内側というより外側からの圧力によってその教育機能的特質を変化させてきたという歴史的経緯があるという．ここでいう外的圧力とは「労働市場」である[28]．結果として，他の諸国に比肩を許さない「柔軟性」(resiliency) をもつことになったというのである[29]．これは，カレッジ・レベルの学力習得を要件とする職種に応えるための役割を，「高等教育」に期待するものであるという[30]．「高等教育」の使命は，その時代の社会経済的状況によって様々であったが，近年では高等教育の主な目的は，「経済発展」に奉仕する「カレッジ・ワーク」ということに意味合いが変化してきているというのである[31]．もっとも，Kerr, C. の見解の根底には，アメリカにおいては，過去より「労働市場」と「高等教育」の関係は密接なものであったという認識がある[32]．その文脈における高等教育の使命とは，①人的資本の構築，②累積した知識の構築，③階級移動の支援，などであるという[33]．そして「地域経済発展」という観点からは，主として「地域州立総合4年制大学」「コミュニティ・カレッジ」が，「地域労働市場への対応」という意味において貢献してきたという[34]．

(2) Parnell, D. の見解

次に Parnell, D. である．Parnell, D. によれば，アメリカの高等教育はアメリカ社会と経済の急激な変化，つまりは，「人口構成」「経済政策」「社会移動」「国際的経済競争」「技術革新」「政治的決断」[35]などに敏感に呼応してきたという．加えて，アメリカの高等教育機関は，時代が求める要望に対し，その機能を変形させる必要があったという点を強調する[36]．つまり，アメリカ高等教育制度の伝統は，変化に対する制度的寛容さであり[37]，そ

の「柔軟性」こそが多様な人口構成の要求に対処でき得た要素と捉えているのである．実際，ここ 50 年間の急激な社会変化にもかかわらず，高等教育機関は，その「柔軟性（多様性）」でもって困難を乗り越えてきた[38]．Kerr, C. 同様 Parnell, D. は，高等教育がアメリカ社会のなかでどのようにして，あるいは，なぜうまく機能してきたのかを理解するためには，その「柔軟性（多様性）」に注目しなければならないという[39]．つまり，アメリカ高等教育は，アメリカ独自の機能的制度である「オープン・アクセス」（open-access）と，古典的・伝統的指標である「質的基準」(quality standards)」という相反するものを共生させることによって，その「柔軟性（多様性）」にうまく対処してきたと捉えているのである[40]．「柔軟性（多様性）」こそがアメリカ高等教育の「強さ」であると看破する[41]．その脈絡のなかで高等教育機関の役割とは，「（地域）経済」を支えるための「人的資源の開発（人材育成）」(human resourse development) への関与であるという[42]．人的資源の開発に応えるために，どのように「大学教育」を柔軟にできるかがポイントだというのである[43]．州レベルについては，州知事の半数が 1980 年代からの地域産業の落ち込みを問題としており，高等教育機関による州経済活性化への貢献を期待してきた点を指摘する[44]．加えて，高等教育が，次世紀に向かって変化する「多様な人種・民族構成」(diverse population) のニーズに応えられるか否かがポイントとなるという[45]．Parnell, D. は，多くの「地域州立総合 4 年制大学」や「リベラル系カレッジ」は，伝統的な「大学モデル」(university model) から自由になり，「地域の学習センター」「技術移転センター」(technology transfer center)，そして「地域経済の発展に貢献する教育機関」としての役割を強調する新しいモデルへと発展していくであろうと予測する[46]．

第3節　コミュニティ・カレッジの「大学教育」

1．コミュニティ・カレッジに期待される役割

(1) 地域経済発展とコミュニティ・カレッジ

　連邦教育省によれば，高等教育機関は「中等学校よりも高度な学習に加えて，準学士号・学士号またはそれ以上の学位プログラム」を提供する機関，中等後教育機関は，ハイスクール卒業者，またはそれに相当する者を対象とし，「系統立ったカリキュラムをもつ資格取得プログラムを提供する教育」を施す機関であるという．中等教育に限れば，その内容は「学問的，職業的，継続専門職的」なもので，「趣味的なもの，あるいは成人基礎教育プログラム」などは含まない．これらの定義から，コミュニティ・カレッジは，アメリカにおける高等教育機関として正式に位置づけられていることは明らかである．しかし，コミュニティ・カレッジは，学位プログラム以外に，学位とつながらないキャリア・アップのための短期職業プログラム，成人基礎教育プログラム，趣味的リクリエーション的プログラムなど，上の定義でいうところの中等後教育機関的，あるいはその範疇に含まれない教育内容のプログラムをも併せもっている．そして，そのことがコミュニティ・カレッジの性格，つまりどのような教育機関なのか，「高等教育機関」なのか「成人教育機関」なのか，をみえにくくしているひとつの要因なのである[47]．

　しかし，「経済発展に貢献する教育機関としての役割」という観点からみるとき，コミュニティ・カレッジはその教育機関的特質から，高等教育機関としての教育的役割を十分に果たしてきた（いる）ことになる．その観点からすれば，コミュニティ・カレッジは，「地域経済発展のための環境を提供する総合学習機関」という意味合いにおいて付加価値をもつことになる．その場合の経済発展の鍵概念とは，「人的資源開発（人材育成）」であ

る[48]. このアプローチには,ひとつにコミュニティ・サービス[49]との関わりからコミュニティの再構築を目指す実践がある. このサービスは,地域の経済発展に貢献するものであり,「経済発展パラダイム」のなかでコミュニティ・カレッジがなすべき不可避的役割なのである[50]. 実際,コミュニティ・カレッジは,その性格から学生(学習者)に対しては「職業教育」「生涯学習」,企業に対しては「派遣訓練教育」など,地域経済発展に自らの教育資源を提供してきた. このコミュニティ・カレッジの「地域経済発展への教育的貢献」という流れは,全米コミュニティ・カレッジ協会の第75回例会(1995年4月24日)における大統領 Clinton, W.J., 労働大臣 Reich, R., 連邦教育省長官 Riley, R. らのスピーチの内容[51], 全米コミュニティ・(ジュニア)・カレッジ協会刊行(bi-monthly)のジャーナル誌(Community College Journal, Community Technical and Junior College Journal)における掲載論文などからもその傾向を読み取ることができる[52]. 日本の研究者では,新田照夫が「地域経済発展への教育的貢献」についての具体的事例を,まとまった研究成果のなかで提示している[53].

Bryant, D.W. は,「高等教育(機関)」の判断基準を別の角度(parallax view)からみることの必要性を指摘した上で,社会が求める「高等教育(機関)」の役割とは,むしろ「経済発展」に寄与する教育機関という側面にあることを指摘する. これは,「高等教育の底辺(地位)に位置づけられている」という教育機能不全に基盤を置くコミュニティ・カレッジに対する批判は,「『地域経済発展への教育的貢献』という側面からみたとき,異なった評価を導出する」ことを意味するものでもある[54].

(2) 「人材育成」のための教育 —コミュニティ・カレッジの実践—

コミュニティ・カレッジは,「地域の経済発展」と「地球レベルでの経済競争」や「高度情報化社会に対応でき得る人材育成」のために,近年においては,基礎技能の反復練習(skills-and-drills)を超える教育プログラム

が求められるようになってきた[55]. 特に1990年以降は, 主に継続教育としておこなわれてきた資格取得のための短期職業プログラム (non-credits) ではなく, 高度情報技術への対応や地域社会の経済発展のみならず, グローバル社会に競合でき得る人材の育成が求められてきた[56]. この趨勢は, 経済発展に関係するプログラムが「職業教育」プログラムに縛られるものではないことを意味する[57].

例えばTyree, L. によれば, コミュニティ・カレッジの職業教育には4技能の束 (four clusters of skills) が必要となってきたという. 労働者に求められる4技能とは, ①包括的技能 (generic skills), ②人間関係対応技能 (relational skills), ③職責技能 (responsibility skills), ④統合技能 (integration skills) などで, なかでも特に, 「包括的技能」は重要であるという. 雇用側が渇望する労働者の「包括的技能」とは, 「基礎的3R's」(basic reading and writing and computation skills) に加え, 「コミュニケーション」(listening and speaking), 「問題解決」(problem-solving), 「創造的思考」(creative thinking), 「自己尊重」(self-esteem), 「人間関係技能」(interpersonal skills) であるという. 「包括的技能」の重要性については, コミュニティ・カレッジ研究者・教育実践者達の認識は貫徹しているものであり, 実際, コミュニティ・カレッジではそれを提供している. ここで重要なのは, 特に包括的技能を鍵戦略としてカリキュラムに位置づける (generic skills across the curriculum) ことにあるという. その他の技能であるが, ②の「人間関係対応技能」とは, 他人を認めるなかで, 「個」を認識する技能であるという. これは「地球規模の市場」にひきつけたとき, 「他国との文化差異に対応する力」となる. この技能には新しい言語技能習得の必要性も含意する. また職場での集団活動なども含まれる. ③の「責任技能」とは, 問題解決能力や事実掌握能力であり, 自己主体の学習姿勢を必要とする技能. ④の「統合技能」は, 学生達が生きる (生活することの) 意味を考えることができる技能, あるいは, 直面する問題を

鳥瞰的に観察できる技能である．この「統合技能」の教授法には，学際的アプローチが必要であるという[58]．

Cumming, B. も Tyree, L. と同様の考えを示す．Cumming, B. によれば，「人材育成」のための教育内容は，これまでの3R's に代表される基礎技能に制限されるものではないという．実際，コミュニティ・カレッジにおいては，基礎技能に加え，①学び方学習（learning to learn），②問題解決（problem-solving），③自己尊重（self-esteem），④チームワーク（teamwork），⑤組織効率性（organizational effectiveness），などが提供されているという．これらの技能は，労働者が職場でのあらゆるタイプの内容に対応するための技能であり，新しい技能を獲得するためには不可欠な処方せんであるという．また，Cumming, B. は，コミュニティ・カレッジ教育に求められるものに「職場における識字力」（literacy in workplace）の習得があるという．彼は，「職場における識字力」を考える上において，Davis, D.S. の提起「環境識字」（environmental literacy）を紹介する．環境識字とは，「特別な環境で機能する能力」であるという．例えば我々が，はじめての都市へ旅をしたとき，ストリート名やホテルの位置などはわからない．我々は概してこのような環境では「非識字」状態である．「職場」においても同様とみなす．企業の仕事内容，手順などは新しい環境のなかで訓練される．被雇用者は，居心地がよいものとなるまでは，完全に非識字状態であるという．この環境識字は8技能に分類される．①特殊技能（job-specific skills），②基礎技能（basic skills），③雇用前技能（pre-employment skills），④熟練技能（work maturity skills），⑤コミュニケーション技能（communication skills），⑥学び方学習（learning to learn），⑦組織効率性（organizational effectiveness），⑧チームワーク技能（teamwork skills）などである[59]．

Carnevale, A.P., Desrochers, D.M. らは，高度情報国際社会という文脈での「新しい経済」（new economy）に対処するための職業技能教育（訓練）

には，これまでの枠組みである基礎技能に加え「応用アカデミック知識」(applied academic knowledge) が必要であるという．そして，「新しい経済」にうまく対応する人は，次の4つの技能 (skills development) を有しているという．それは，①基礎教育準備を含めたハイスクール・レベル以上の学力，②応用専門性，③職業訓練経験，④情報テクノロジーへのアクセス，などである．実際，雇用側は採用に際して，被雇用側が特別な価値を身に付けること（付加価値）を求めてきた．「何ができるのか」ということが，労働者が獲得すべき必須要件というのである．加えて，「態度の技能」(behavioral skills) の必要性にも言及する．これは割り当てられた仕事のみならず，新しい方法に対処でき得る問題解決能力である[60]．以上，高度情報化と地球レベルの経済競争力激化という社会経済的背景に加えて，地域経済発展に貢献するための人材育成という役割のなかで，コミュニティ・カレッジが取り組むべき教育内容の方向性とは，「基礎技能」に加え「社会経済的背景に対応できる労働力の育成」ということに収斂できる．

(3) 教育内容——「識字教育レベル」から「大学教育レベル」まで

先に示した課題に応えるために，コミュニティ・カレッジはいかなる役割（教育内容）を果たすべきであろうか．この問いに対しては，Carnevale, A.P., Desrochers, D.M. らの主張を確認することが示唆的である．というのも，彼らの見解は，コミュニティ・カレッジの伝統的な教育実践を踏まえた上での現実的視点と考えられるからである．

彼らは，基礎技能教育も含めた「応用職業技術訓練」(applied skills training) と「アカデミック知識」(academic knowledge) の提供機関（プロトタイプ的学習機関）としてのコミュニティ・カレッジの役割を強調する．これは，コミュニティ・カレッジの教育実践には「古い役割」（アカデミックな学習内容）と「新しい役割」（職業技術教育）の注意深いバランスが必要とする考え方である．雇用側は，特別な職業技能をもった学生を欲する

が，コミュニティ・カレッジは両領域を継続して強調すべき，と彼らは主張する．これがコミュニティ・カレッジの伝統的役割というのである[61]．つまり，基礎技能（識字教育レベル）からアカデミックな教育内容を提供することが，コミュニティ・カレッジに期待される役割ということになる．

　地域経済発展に連関する基礎技能レベル（識字教育レベル）の教育提供であるが，塚田富士江の指摘にもあるように，有用な労働力育成（確保）のために，州当局が成人基礎教育（識字教育）を「総労働力訓練・教育」として組み込むことになったのがその端緒である．先にも指摘したが，1980年代の経済不況の煽りから，州レベルにおいては，地域経済発展のために高等教育機関の役割が期待されることになった．特に，労働者の基礎技能向上については，コミュニティ・カレッジがその役割を担うことになった．労働資本への期待として，英語を母語としない「新移民」（特には，アジア系・ヒスパニック系）の識字力向上（この場合，英語運用能力）が，アメリカの国策となったことも要因のひとつである[62]．加えて，高度情報化社会や地球レベルの経済競争に対応するための内容も併せもった「経済発展重視の教育」が求められてきた．つまり，「ハイスクール卒業資格取得」も含めた後期中等教育レベルの学力獲得への支援プログラム，キャリア・アップを目指す学生（学習者）のための短期資格取得プログラム，学位取得に向けての「カレッジ・レベル」の教育内容の提供などが期待されてきたのである．

　まとめると，識字レベルの教育プログラム（成人基礎教育，ESL識字）から，後期中等教育レベル（GEDテスト準備，ハイスクール卒業資格取得），職業資格取得のための短期プログラム，そしてカレッジ・レベル・ワークまでの教育内容の提供が，地域経済発展・国際経済競争の文脈における人材育成へ向けてのコミュニティ・カレッジに求められる役割ということになる．

2．コミュニティ・カレッジの「大学教育」(collegiate education)

(1)「一般教育」と「職業教育」との連関

「一般教育」には「職業教育」の要素が組み入れられている[63]．Cohen, A.M., Brawer, F.B. らはその理由を，「リベラル・アーツ」(liberal arts) から「一般教育」(general education) へのタームの変遷に求めた．詳細は第4章に譲るが，彼らによれば，1960年・70年代を嚆矢とする学生の学力低下の問題がその背景にあるという．つまり，コミュニティ・カレッジは，転学先の「4年制大学・カレッジの学力要求」と「コミュニティ・カレッジの現実（学力の低さ）」の懸隔を填補する必要に迫られ[64]，結果として，伝統的「リベラル・アーツ」[65] のなかに「職業教育」(occupational studies) の意味合いを取り入れた「一般教育」に，その役割を求めることになったというのである[66]．

Ignash, J.M. は，「リベラル・アーツ」カリキュラムのなかに「職業教育」科目である「非リベラル・アーツ」科目の割合が大きくなってきた理由として，①主として同州内の4年制大学・カレッジへの転学科目として認められるようになってきたこと．「(準) 専門職」[67] が，「職業教育」科目の履修期間延長を要求するようになり，結果として ②「非リベラル・アーツ」科目が「リベラル・アーツ」科目と同等に近い評価を獲得するようになったこと[68]，などを挙げている．コミュニティ・カレッジ研究センター (Center for the Study of Community Colleges：以下 CSCC) の調査によれば，「カレッジ・カリキュラム」内の「リベラル・アーツ」科目と「非リベラル・アーツ」科目の比率は，56.4%対43.4%であった[69]．

CSCCは，「非リベラル・アーツ」学問領域を11分野（①農業工学 ②ビジネス&事務 ③マーケティング&流通 ④健康 ⑤家政科 ⑥工学教育 ⑦工業技術 ⑧貿易&産業 ⑨個人技能&副次職業科目 ⑩教育 ⑪その他）に分類した．「非リベラル・アーツ」に属する主要分野と科目の主なものは以

下の通りである[70].
- 農業（agriculture）：園芸学，農業関連産業／収穫生産高，林業／その他の農業生産高，農業科学，自然資源復興，動物健康工学，養樹場作業
- ビジネス＆事務（business and office）：会計，税金，ビジネスとマネージメント，秘書学，遺書，労働法，不動産企画，法律助手，航空券・予約
- マーケティング＆流通（marketing and distribution）：不動産，衣料商業，セールスマン論，競売，広告デザイン，織物販売
- 健康（health）：看護学，健康科学，心肺蘇生法，緊急医療技術，栄養学，結婚・家族カウンセリング，薬物カウンセリング，少年犯罪，歯科助手，リハビリ学
- 家政科（home economics）：家政，裁縫，料理，保存食，室内装飾
- 工学教育（technical education）：コンピュータソフト，防衛サービス（消防署・警察・ライフガード・軍事科学），コミュニケーション工学（ジャーナリズム・テレビ・新聞報道・ラジオ放送・写真報道・グラフ・オフセット印刷）
- 工業技術（engineering technologies）：基礎理論（AC/DC電流・オウムの法則・エビオニクス）
- 貿易＆産業（trade and industry）：建築，自動車販売，宇宙工学，調査学，流通，旅行会社
- 個人技能＆副次職業科目（personal skills and avocational courses）：体育，新入生オリエンテーション，図書館利用法，父親学，ファッションカラー分析，キャリア／人生設計，自己評価
- 教育（education）：幼児教育，体育教員養成，コーチ学，児童文学，乳母，教師養成（数学・音楽・美術）
- その他（other）：ソーシャルサービス訓練，図書館司書[71]

ここで，CSCC が実施した調査結果を例示することを通して，「職業教育」科目の「カレッジ・カリキュラム」内への「組み込み」を確認しておこう．同センターは，回答サンプルの偏りを避けるためにコミュニティ・カレッジを収容学生数規模にて3分類（大規模カレッジ：6,000人以上，中規模カレッジ：1,500人以上，小規模カレッジ：1,500人未満）し，回答を得た164のコミュニティ・カレッジ（大規模：57カレッジ，中規模：56カレッジ，小規模カレッジ：51カレッジ）をもとに，その結果を整理した[72]．

まずは，「カレッジ・カリキュラム」内の「非リベラル・アーツ」（職業教育）科目の割合についてである．

学問分野 （科目）	「非リベラル・アーツ」科目のなかでの割（％）	「カレッジ・カリキュラム」内の「非リベラル・アーツ」科目の割合（％）
・ビジネス＆事務	24.6	10.7
・個人技能＆副次職業科目	19.1	8.3
・貿易＆産業	18.6	8.1
・工学技術	18.1	7.9
・健康	10.2	4.4
・マーケティング＆流通	3.4	1.5
・教育	2.5	1.1
・工業技術	2.0	0.9
・農業	1.2	0.5
・家政科	0.2	0.1
・その他	0.2	0.1

（出典）　Center for the Study of Community Colleges, "Total Community College Curriculum Study in 1991," in Cohen and Ignash, 1993 より作成（p.22）

次は,「カレッジ・カリキュラム」のなかでの「非リベラル・アーツ」(職業教育)分野の割合である.

学 問 分 野	カレッジ・カリキュラムのなかでの割合(%)
・人文科学	13.42
・英語	12.75
・数学&コンピュータ・サイエンス	10.69
・ビジネス&事務*	10.67
・個人技能&副次的職業科目	8.27
・貿易&産業	8.05
・工学教育	7.87
・科学	7.68
・社会科学	6.66
・芸術	5.42
・健康*	4.44
・マーケティング*	1.46
・教育*	1.10
・工学技術*	0.85
・農業(非リベラル・アーツ)*	0.51
・家庭科	0.10
・その他	0.07

＊印は「職業教育」分野/学問分野は「リベラル・アーツ」分野を含む
(出典) Center for the Study of Community Colleges, "Total Community College Curriculum Study in 1991," in Cohen and Ignash, 1993 より作成 (p.23)

(2) 大学教育の内容

「地域経済発展への貢献」としてのコミュニティ・カレッジの「大学教育」の内容について触れてみたい.

先に述べたが,Cohen, A.M., Brawer, F.B., Ignash, J.M. らは「一般教育」と「職業教育」の連関が不可避となる理由を,それぞれの視点から提示した.さらなる理由としては,「地域経済発展」との関わりのなかでコミュニティ・カレッジは,「人材育成」機関としての役割を果たすことが地域社会から求められてきた,という点を挙げることができる.

例えば,Barry, R.J., Barry, P.A.[73], Cohen, A.M., Brawer, F.B.[74] らの指

摘にもある通り，コミュニティ・カレッジの「カレッジ・レベル」の教育内容をいうとき，「一般教育」(general education) が該当するプログラム・科目ということになる．つまり，「一般教育」の教育実践と「地域経済発展」との関わりという視点が必要となってくるのである．Martin, D.R., Lillis, S.[75]らの指摘にもあるように，コミュニティ・カレッジの「一般教育」の内容は，伝統的に転学希望の学生に対して広い知識基盤を提供することにコミットしてきた．大部分のコミュニティ・カレッジは，「一般教育」の教育目的を，「コミュニケーション能力」「数量掌握能力」「批判的思考能力」「問題解決能力」「柔軟的思考能力」「生涯学習への対応能力」などの促進とする．そして，その教育内容は，教育目的を達成させるための「実践教育」と古典的・伝統的知識（教養）の提供を目的とする「リベラル・アーツ」が統合したものである．ところで，「多分野にわたる履修科目」(distribution requirements) とは，「コミュニケーション」「人文科学」「社会科学」「自然科学」「非西洋研究」領域に属する科目を指す．「コミュニケーション」領域科目のなかに，「ライティング」「リーディング」「リスニング」「スピーキング」などの基礎言語運用技能の促進が含まれており，それらの科目は，コミュニティ・カレッジのカレッジ・ワークの枢要をなすものとして捉えられていることが一般的である[76]．

　以上から，「一般教育」の教育目的と，先に整理した「職業教育」が目指す（すでに実践している）それとが重なることが明らかであろう．つまり，地域経済発展に貢献する人材の育成を目指す教育使命とは，学生の「コミュニケーション」「問題解決力」「創造力」「自己尊敬」「人間関係技能」「批判的思考力」を伸ばすことなのである[77]．この意味において，「一般教育」の教育実践にその役割を重ねていることは明らかである．加えて，Tyree, L.の指摘するところの「包括的技能を鍵戦略としてカリキュラムに位置づける」とは，まさしく「一般教育」科目・プログラムのなかに，上述した教育到達目標のための技能を組み込むことを意味するものである．実際に，

コミュニティ・カレッジにおいてその「組み込み」は実践されている[78]．また，「職業技術訓練」と「アカデミック知識」の提供機関として，両領域の注意深いバランスが必要であるという指摘をもってすれば，コミュニティ・カレッジの「大学教育」は，「一般教育」のなかの「アカデミック教育」が強調されるということになる．

(3) 教育レベルの設定

筆者は，コミュニティ・カレッジの教育レベルの教育内容を「地域州立総合4年制大学」の「前期課程」に限定したい．主な理由として，Cohen, A.M., Sanchez, J.R. らの分析にもあるように，コミュニティ・カレッジ転学者の大半が，経済的な理由や州の高等教育機関のマスタープランなどにより，地元の地域州立4年制大学に転学するという点[79]，「4年制大学の前期課程のカレッジ・ワークを委譲されたコミュニティ・カレッジ」が存在する[80]ことなどを挙げたい．加えて，Kerr, C. が指摘するように，連邦政府から産業界との密接なつながりが期待され，直接的な財政支援が「地域州立総合4年制大学」と「コミュニティ・カレッジ」に集中しつつあるという点．労働市場に積極的に対応してきたのは，高等教育機関のなかでも特に「地域州立総合4年制大学」と「コミュニティ・カレッジ」であるという連邦政府の認識[81]．州知事の大半が1980年代からの地域産業の落ち込みを問題としており，州経済活性化に貢献する高等教育機関として，特に「地域州立総合4年制大学」と「コミュニティ・カレッジ」に期待を寄せてきたという Parnell, D. らの指摘，などがその根拠である．その場合の「大学教育」の内容であるが，「地域経済の発展に貢献する人的資本の育成」を目的とするものである．そして，コミュニティ・カレッジは「一般教育」をもってその教育実践に対応してきた．

ところで，先にコミュニティ・カレッジの「カレッジ・ワーク」のレベルを「地域州立総合4年制大学の前期課程の教育内容」に設定したが，コ

ミュニティ・カレッジの教育（内容）レベルの低さという問題がある．一般的に，地域州立総合4年制大学はコミュニティ・カレッジ同様，入学基準として「非選抜入学（登録）制」をとっていることが多いが[82]，その入学（登録）する学生の学力レベルをみたとき，どうしてもコミュニティ・カレッジ学生の学力不足は否めない．というのも，ハイスクール現役卒業生のなかでも，特に学力的に底辺層の学生がコミュニティ・カレッジに進学することが大半だからである[83]．なるほど，逆転学学生の増加[84]にもあるように，近年の高等教育機関の授業料の高騰[85]から学費を抑えるために，前期課程2年間をコミュニティ・カレッジで（あるいは4年制大学・カレッジに籍を置きながら）コミュニティ・カレッジの単位を履修する学生が増加している．しかし，概して，地域州立総合4年制大学と比べ学生の学力は低いと捉えることが現実的であろう．これも「オープン・アクセス」の完全採用を行っているコミュニティ・カレッジの宿命ともいえる．となれば，「学力的にカレッジ・レベルに到達していない」学生（学習者）を「カレッジ・ワーク」レベルにまで学力を引き上げることが，コミュニティ・カレッジに求められる課題となる．

[註]
1) ここでは，「科目番号100以上」の科目のみを有する学位・転学プログラムがカレッジ・レベルであり，カレッジ・レベルの教育内容の実践や，学生の科目履修を含めた教育的営為を「カレッジ・ワーク」と設定している．なお，「カレッジ・ワーク」の「カレッジ・レベルの教育内容の実践」を特に強調するとき，「大学教育」(collegiate education) というタームを用いることにする．また「カレッジ」科目とは「科目番号100以上」，カレッジ・レベルの「コース・ワーク」(coursework) とは「科目番号100以上」の科目履修を指すものとする．
2) 註1）の科目を中心とした教育課程
3) 現在アメリカの高等教育機関数（4年制大学・カレッジ，2年制短期大学）は3,706

第1章 コミュニティ・カレッジの「カレッジ・ワーク」 35

校あり,そのなかで2年制短期大学数は1,462校.コミュニティ・カレッジは1,047校,ジュニア・カレッジ(主として私立系2年制短期大学)が415校,という内訳である(National Center for Education. *Digest of Education Statistics*. Washington, D.C.: U.S. Department of Education, 1997, p.258).
4) Vaughan, G.B. *The Community College Story : A Tale of American Innovation*. Washington, D.C. : American Association of Community Colleges, 1995, p.iii., p.1.
5) 「4年制大学・カレッジ」という表記であるが,本書では,大学は「総合大学」,カレッジは「小規模リベラル系カレッジ」を意識して使用する.
6) 本書では,管理職(学長など)を含めた「教員」「事務職員」などを,コミュニティ・カレッジ教育に関わる者たちの総体として「教育実践者」と表記する.
7) Eaten, J.S. *Strengthening Collegiate Education in Community Colleges*. San Francisco : Jossey-Bass, 1994, p.70., Roueche, J.E., Baker, G.A. III., OmahaBoy, N.H., and Mullins, P.L. *Access & Excellence : The Open-Door College*. Washington, D.C.: American Association of Community and Junior College, 1987, p.iii, pp.6-8.
8) Jenks, C., and Riesman, D. *The Academic Revolution*. New York : Doubleday, 1968., Riesman, D. *On Higher Education : The American Enterprise in an Era of Rising Student Consumerism*. San Francisco : Jossey-Bass, 1981., Mayhew, L.B., Ford, P.J., and Hubbard, D.L. *The Quest for Quality : The Challenge for Undergraduate Education in the 1990s*. San Francisco : Jossey-Bass, 1990.
9) Clark, B.R. "The Cooling-Out Function in Higher Education." *American Journal of Sociology*, 1960, 65(6), 569-576., Karabel, J. "Community Colleges and Social Stratification in the 1980s." In L.S. Zwerling (ed.). *The Community Colleges and Its Critics*. New Directions for Community Colleges, no.54. San Francisco : Jossey-Bass, 1986., Zwerling, L.S. *Second Best : The Crisis of the Community College*. New York : McGraw-Hill, 1976., Pincus, F.L. "The False Promise of Community Colleges : Class Conflict and Vocational Education." *Harvard Educational Review*, 50(3), 1980, 332-361., Grubb, W.N. "Correcting Conventional Wisdom : Community College Impact on Students' Jobs and Salaries." *Community, Technical, and Junior College Journal*, 1992, 62(6), 10-14., Brint, S., and Karabel, J. *The Diverted Dream : Community Colleges and the Promise of*

Educational Opportunity in America 1900-1985. New York : Oxford University Press, 1989., Dougharty, K.J. "The Community College at the Crossroads : The Need for Structured Reform." *Harvard Educational Review*, 1991, 61(3), 311-336.

10) 例えば Cross, K.P. は，地域に根差すコミュニティ・カレッジのあり方を「水平的視点」(horizontal focus)，4年制大学への転学と前期課程としての質の向上を目指すものを「垂直的視点」(vertical focus) などと区分した ("Determining Missions and Priorities for the Fifth Generation." In W.L. Deegan, D. Tillery, and Associates (eds.). *Renewing the American Community College : Priorities and Strategies for Effective Leadership.* San Francisco : Jossey-Bass, 1985, pp.34-52).「水平的視点」としては，Gleazer, E.J., Jr. が，コミュニティに根差した「生涯学習機関」を目指すべきであると位置づけた (*The Community College : Values, Vision, Vitality.* Washington, D.C.: American Association of Community and Junior Colleges, 1980, p.16).「コミュニティ・カレッジの未来を考える委員会」は，1985年に「地域を構築する」コミュニティ・カレッジのあり方を提示した (A Report of the Commission on the Future of Community Colleges. *Building Communities : A Vision for a New Century.* Washington, D.C.: American Association of Community Colleges, 1985). Bogart, Q.J. は，「コミュニティに開かれた教育情報交換機関」(community-wide educational clearing house) を提示し ("The Community College Mission." In G.A. Baker III (ed.). *A Handbook on the Community College in America : Its History, Mission and Management.* Westport, Connecticut : Greenwood, 1994, pp.60-73) , Harlacher, E.L., Gollattscheck, J.F. らは，「地域を活性させる教育機関」としてのあり方を模索した (*The Community-Building College : Leading the Way to Community Revitalization.* Washington, D.C.: American Association of Community and Junior Colleges, 1996). 一方「垂直的視点」に分類される研究者・教育実践者には，Roueche, J.E., Vaughan, G.B. などがおり，その論調の大半はカレッジ・レベル・ワークの質的向上を訴えるものであった〈Roueche, J.E., and Kirk, R.W. *Catching Up : Remedial Education.* San Francisco : Jossey-Bass, 1974., Vaughan, G.B. "Critics of the Community College : An Overview." In G.B. Vaughan (Guest ed.). *Questioning the Community College Role.* New Directions

第1章 コミュニティ・カレッジの「カレッジ・ワーク」 37

for Community Colleges, no.32. San Francisco: Jossey-Bass, 1980〉. Cohen, A.M., Brawer, F.B., Eaten, J.S. らは, 質的向上を実現させるためには「大学機能」を強化する必要があると捉える考えを示した (Cohen, A.M., and Brawer, F.B. *Strengthening Collegiate Function of Community Colleges: Fostering Higher Learning Through Curriculum and Student Transfer.* San Francisco: Jossey-Bass, 1987., Eaten, J.S., *Strengthening Collegiate Education in Community Colleges.* San Francisco: Jossey-Bass, 1994). Cohen, A.M., Brawer, F.B. らは, 「大学機能」を強化することが, コミュニティ・カレッジが他の教育機関・施設 (営利専門学校・技術カレッジ・成人教育センター) との差異を明示する上においても重要であるという. つまり, そうすることによって, アメリカ教育システムの主流 (mainstream of graded education) にとどまることができると主張しているのである (*The Collegiate Function*, xii, 172).

11) American Association of Community Colleges. *National Profile of Community Colleges: Trends & Statistics 1997-1998.* Washington, D.C.: The Community College Press, 1997, pp.9-11., Peterson's. *Two-Year Colleges (28th ed.).* Princeton, New Jersey: Peterson's, 1997, p.21.

12) Scott, P., Parnell, D., Pendersen, R., McNutt, A.S. などは, 「都会系カレッジ」と「地方系カレッジ」に分類し, その2分類されたコミュニティ・カレッジによって, 教育機能ついてのプライオリティに温度差があることを指摘する〈Scott, P. *Strategies for Postsecondary Education.* London: Croom Helm. 1975, pp.61-69., Parnell, D. *Dateline 2000: The New Higher Education Agenda.* Washington, D.C.: The Community College Press., Pendersen, R. "Challenges Facing the Urban Community College: A Literature Review." In G.A. Baker III (ed.). *A Handbook on the Community College in America: Its History, Mission, and Management.* Connecticut: Greenwood Press, 1994, pp.177-178., McNutt, A.S. "Rural Community Colleges: Meeting the Challenges of the 1990s." In G.A. Baker III (ed.). *A Handbook on the Community College in America: Its History, Mission, and Management.* Connecticut: Greenwood Press, 1994, pp.190-201〉.

13) Thornton, J.W., Jr. *The Community Junior College (3rd ed.).* New York: John Wiley and Sons, 1972. 例えば, Monroe, C.R. は, ①転学のための準備教

育,②職業教育,③一般教育,④ガイダンス&カウンセリング,⑤コミュニティ・サービス(*The Profile of the Community College.* San Francisco: Jossey-Bass, 1975, p.1), Cohen, A.M., Brawer, F.B. らは,①転学準備,②職業技術教育,③継続教育,④コミュニティ・サービス,⑤補習教育〈*The American Community College (3rd.)*, 21-25〉, Cross, K.P. は,①キャリア教育,②補習教育,③コミュニティ教育,④大学教育,⑤一般教育("Determing Missions," 36)などと教育機能を捉えている. Vaughan, G.B. によれば,コミュニティ・カレッジの教育機能は本質的に共通しているという ("Critics of the Community College," 2-3, 8-9).

14) Spann, M.G., and McCrimmon, S. "Remedial / Developmental Education: Past, Present, and Future." In G.A. Baker III. *A Handbook on the Community College in America: Its History, Mission, and Management.* Connecticut: Greenwood Press, 1994, p.161.

15) 表記方法であるが,本書では「学生」は学位(準学士)取得あるいは転学を目指す者,「学習者」は主として第8・9学年以下の教育内容のプログラムに学び,学位取得や転学を目的としない者,とする.

16) Deegan, W.L., Tillery, D., and Associates (eds.). *Renewing the American Community College: Priorities and Strategies for Effective Leadership.* San Francisco: Jossey-Bass, 1985.

17) 例えば Scott, P. は,「高等教育」についての解釈差異を「保守主義者・右派」(conservatives・rights),「リベラル主義者」(liberals),「革新者・左派」(radicals・lefts)の分析軸から整理し, Kerr, C. は,「現状保守主義者」(status quo preservationists),「進化的(機能)拡張主義者」(evolutionary expansionists),「(機能)限定主義者」(concentrationists),「変革主義者」(transformationists)などと「高等教育」論者を4つのカテゴリーに類別した(Scott, P. *Strategies for Postsecondary Education.* London: Croom Helm, 1975, pp.1-8., Kerr, C. *Higher Education Cannot Escape History: Issues for the Twenty-First Century.* New York: State University of New York Press. 1994, pp.159-161). しかし一般認識として,「多様性」と「柔軟性」がアメリカ「高等教育」(概念)の機能的・制度的特質であることは,研究者の間で一致している.

18) Flexner, A. *Universities: American, English, German.* New Brunswick: Transaction, 1994, p.45 (Originally published in 1930, Oxford University Press).

19) Cohen, and Brawer, *The American Community College (3rd ed.)*, 402., R.E. キャラハン著, 中谷彪・中谷愛共訳『教育と能率の崇拝』教育開発研究所, 1996, p.11 (Callahan, R.E. *Education and the Cult of Efficiency : A Study of the Social Forces that have shaped the Administration of the Public Schools*. The University of Chicago Press, 1962)., R. ソロモン・J. ソロモン著, 山谷洋二訳『大学再生への挑戦』玉川大学出版部, 1997, p.112 (Solomon, R.C., and Solomon, J. *Up the University : Re-Creating Higher Education in America*. Massachusetts : Addition Wesley Longman, 1992).
20) 山谷訳, p.29.
21) P.G. アルトバック・R.O. バーダール・P.J. ガムポート著, 高橋靖直訳『アメリカ社会と高等教育』玉川大学出版部, 1998, p.15 〈Altbach, P.G., and Berdahl, P.J. *Higher Education in American Society (3rd ed.)*. New York : Prometheus Books, 1994〉.
22) E.L. ボイヤー著, 喜多村和之・館昭・伊藤彰浩訳『アメリカの大学・カレッジ〈改訂版〉』玉川大学出版部, 1996, pp.25-26 (Boyer, E.L. *The Undergraduate Experience in America*. Harper Collins, 1987).
23) 喜多村・館・伊藤訳, p.123.
24) 同上書, p.31.
25) 山谷, 前掲書, p.30.
26) Ker, C. は,「高等教育機関」の労働市場への人材供給を,「高等教育」のもつ機能のひとつとして捉えている. また, その機能は, 時代の要求に応える形で, 他の機能に対して補足的・競合的役割を果たしてきたことを主張する (*Troubled Times for American Higher Education : The 1990s and Beyond*. Albany : State Univerity of New York, 1994, p.55. (C. カー著, 喜多村和之監訳『アメリカ高等教育試練の時代―1990〜2010年』玉川大学出版部, 1998).
27) Kerr, *Higher Education*, xiv.
28) Kerr, *Higher Education*, 41, 97, 185., Kerr, *Troubled Times*, 117.
29) Kerr, *Troubled Times*, xiv.
30) Kerr, *Troubled Times*, 9.
31) Kerr, *Troubled Times*, 51.
32) Kerr, *Troubled Times*, 53-56.

33) Kerr, *Higher Education*, 44.
34) Kerr, *Higher Education*, 65.
35) Parnell, *Dateline 2000*, 7.
36) Parnell, *Dateline 2000*, ix, 7, 12.
37) Parnell, *Dateline 2000*, 42.
38) Parnell, *Dateline 2000*, 3.
39) Parnell, *Dateline 2000*, 4-5.
40) Parnell, *Dateline 2000*, 28.
41) Parnell, *Dateline 2000*, 134, 142.
42) Parnell, *Dateline 2000*, 4-5, 37, 58.〈Parnell, D. によれば,人材育成に対する法的根拠を与えた法は,モリル法,スミス・ヒューズ法 (Smith-Hughs of 1918),復員兵士法 (GI Bill of 1945) などであるという (Parnell, *Dateline 2000*, 43)〉.
43) Parnell, *Dateline 2000*, 37-38.
44) 当時アーカンソー州知事であった Clinton, W.J. 前大統領は,全米コミュニティ・ジュニア・カレッジ協会の例会にて,高等教育機関の経済発展への貢献を訴えた〈Clinton, W.J. "Strengthening Our Nation : The Declicate Balance between Equality and Excellence." *Community, Technical, and Junior College Journal*, 57(6), 1987, 12-16〉. もっとも,多くの大学は経済発展に貢献していることを自負している (Parnell, *Dateline 2000*, 53).
45) Parnell, *Dateline 2000*, 4-5.
46) Parnell, *Dateline 2000*, 31.
47) Scott, P. によれば,コミュニティ・カレッジ は,あいまいなカテゴリーであるという.コミュニティ・カレッジは,かなりの部分,伝統的高等教育と中等後教育の両方を内包することをその理由としている (Scott, 7).
48) Parnell, *Dateline 2000*, 58.
49) コミュニティ・サービスは,「リクリエーション」的なものや「自己啓発」的な短期プログラムを提供するもので,地域住民の要望に応えるものが大半である.授業料は受益者負担の形をとっている.他の学位取得を目的とするプログラムや短期資格プログラムは,州税や企業からの出資により,その授業料(科目単位)の一部あるいは全額を負担される場合が多い (Vaughan, *The Community College Story*, 14-15).

第1章　コミュニティ・カレッジの「カレッジ・ワーク」　*41*

50) Jones, R.T. "The New Workplace and Lifelong Learning." *Community College Journal*, 67(2), 1996, 20-23.
51) 演説を行った彼らの論調は，人的資源の育成と自己啓発（実現）に関連したコミュニティ・カレッジ教育の重要性とそれに対する期待であった（American Association of Community College's Videotapes. "President Clinton Addresses the AACC Convention." Air date: April 24, 1995）.
52) 1990年代からのジャーナル誌（Community College Journal, Community Technical and Junior College Journal）は，ほぼ毎回「地域（国際）経済発展におけるコミュニティ・カレッジの役割についての論文（研究・実践事例）を掲載している．その役割に対する全米コミュニティ・（ジュニア）・カレッジ協会の関心の高さがうかがえる．以下，主なものを挙げてみる．
Tyree, L. "Building Communities: Collaborative Strategies for Global Competitiveness." *Community, Technical, and Junior College Journal*, (60)4, 1990, 42-44., Zeiss, T. "Employee Retention: A Challenge of the Nineties." *Community, Technical, and Junior College Journal*, 60(4), 1990, 34-37., Waddell, G. "Tips for Training a World-Class Work Force." *Community, Technical, and Junior College Journal*, 60(4), 1990, 21-27., Fifield, M.L., Foster, S.F., Hamm, R., and Lee, C.J. "Workers for the World: Occupational Programs in a Global Economy." *Community, Technical, and Junior College Journal*, 61(1), 1990, 15-19., Chestman, C. "ATCs: Partners for Economic and Community Development." *Community, Technical, and Junior College Journal*, 62 (2), 1991, 32-35., Roueche, J.E., Taber, L.S., and Roueche, S.D. "Choosing the Company We Keep: Collaboration in American Community Colleges." *Community College Journal*, 65(4), 1995, 36-40., Bergman, T. "New Resource For Training." *Community College Journal*, 65(2), 1995-1996, 43-47., Dozier, K.E. "ED>Net The California Community College Approach to Economic Development." *Community College Journal*, 66(6), 1996, 14-19., Gayton, C., and Parnell, D. "The Boeing Company's Tech Prep Story." *Community College Journal*, 66(6), 1996, 20-23., Nichols, M.E. "CWA's Initiatives in Worker Training and Continuous Learning." *Community College Journal*, 66(6), 1996, 24-27., Jones, R.T. "The New Workplace & Lifelong Learning." *Community College Journal*, 67(2), 1996, 20-23., Carnevale,

A.P., and Desrochers, D.M. "The Role of Community Colleges in the New Economy." *Community College Journal*, 67(5), 1997, 26–33., Bosworth, B. "Economic Development, Workforce Development, and the Urban Community College." *Community College Journal*, 67(6), 1997, 8–15., Rosenfeld, S.A. "Cluster Connections Give Communities Economic and Educational Boost." *Community College Journal*, 68(6), 1998, 15–19., Bryant, D.W. "Understanding the Parallax of Community College Status." *Community College Journal*, 69(1), 1998, 32–35.

53) 新田照夫は，地域（州）経済を支える企業とコミュニティ・カレッジの提携事例を紹介している（『大衆的大学と地域経済 —日米比較研究—』大学教育出版，1998, pp.260–377）.

54) Bryant, 32–35.

55) Gianini, P.C., Jr. "Economic Development: A Postmodern Dilemma." *Community College Journal*, 67(6), 1997, 14–18.

56) Chestman, C. によれば，1960年代は識字だけでよかったが，1980年代1990年代となるにつれてその性格が変わってきたという（32–35），Jones, R.T. は，時代とともに「新しい技能」が求められており，コミュニティ・カレッジの役割が変化してきたことを指摘する（20–23）. Carnevale, A.P. は，「新しい経済」（New economy / high-tech）の時代に対応する技能について言及している〈Desrochers, D.M. "The Role of Community Colleges in the New Economy." *Community College Journal*, 67(5), 1997, 26–33〉. 連邦教育省は，1990年代は世界との競争に打ち勝つための労働力（work force）が必要であるという．その内容は，高いレベルの技術や問題解決技能，外国語技能，外国のビジネス文化，輸出入のプロセスなどである〈U.S. Department of Education. Workplace Literacy: Reshaping the American Workforce. Washington, D.C.: Government Printing Office, 1992. (Cumming, B. "Beyond Workforce Literacy: The Hidden Opportunities of Environmental Literacy." In S.L. Kantor (ed.). *A Practical Guide to Conducting Customized Work Force*. New Directions For Community Colleges, no.85. San Francisco: Jossey-Bass, 1994, p.6) (Chestman, 32–35)〉,〈Fifield, M.L., Foster, S.F., Hamm, R., and Lee, C.J. "Workers for the World: Occupational Programs in a Global Economy." *Community, Technical, and Junior College Journal*, 61(1), 1990,

15-19〉.
57) Bogart, 60-73.
58) Tyree, 42-44 (Carnevale, A.P., and et al. "Workplace Basics : The Skills Employers Want." *Training & Development Journal*, 1988, 22-33).
59) Cumming, 61-76 (Davis, D.S. *Workplace Literacy : Reading the Workplace*. Los Alamitos, California : Davis Consulting, 1991).
60) Carnevale, and Desrochers, 26-33.
61) Carnevale, and Desrochers, 26-33.
62) 塚田富士江「米国コミュニティ・カレッジ教育の動向 —ワシントン州にみる制度改革とその意義—」名古屋大学教育学部社会教育研究室編『社会教育年報』第10号, 1993, pp.93-102.
63) 「一般教育」への「職業教育」の要素の組み込みについては, 新田照夫が, 高等教育機関の大衆化との関わりから分析している (『六・三制と大学改革—大衆的大学の日米比較』大学教育出版, 1994, pp.155-190).
64) Cohen, and Brawer, *The Collegiate Function*, 10-11.
65) 中世ヨーロッパの大学にその起源にもち, その教育内容は主として「古典グラマー」「レトリック」「ロジック」「音楽」「天文学」「代数幾何」などである〈Cohen, and Brawer, *The American Community College (3rd ed.)*, 307-308〉.
66) Cohen, and Brawer, *The Collegiate Function*, 10-11.
67) 技師, 一般 (事務) 助手, 図書館司書, 製造業従事者, サービス業などを指す〈Cohen, and Brawer. *The American Community College (3rd ed.)*, 216〉. Vaughan, G.B. によれば,「準専門職業」は, コミュニティ・カレッジの理念の重要な部分であるという (*The Community College Story*, 13).
68) Cohen, A.M., and Ignash, J.M. "An Overview of the Total Credit Curriculum." In A.M. Cohen (ed.), *Relating Curriculum and Transfer*. New Directions for Community Colleges, no.86. San Francisco : Jossey-Bass, 1994, p.18.
69) Cohen, and Ignash, 22.
70) Cohen, and Ignash, 20-21.
71) Cohen, and Ignash, 20-21.
72) Cohen, and Ignash, 14.
73) Barry, R.J., Barry, P.A. らによれば,「一般教育」(general education) はたいてい

の場合,準学士や学士などの学位プログラム(リベラル・アーツ)の構成部分とみなされているという〈"Establishing Equality in the Articulation Process." In B.W. Dziech, and W.R. Vilter (eds.). *Prisoners of Elitism : The Community College's Struggle for Stature.* New Directions for Commuity Colleges, no.78. San Francisco : Jossey-Bass, 1992, p.36〉.

74) Cohen, and Brawer, *American Community College (3rd ed.)*, 307-366.
75) Martin, D.R., and Lillis, S. "General Education in the Heartland : Black Hawk College." In G. Higginbottom, and R.M. Romano (eds.). *Curriculum Models for General Education.* New Directions for Community Colleges, no.92. San Francisco : Jossey-Bass, 1995, pp.3-4.
76) Romano, R.M. "General Education at Boome Community College : Coherence and Purpose." In G. Higginbottom, and R.M. Romano (eds.). *Curriculum Models for General Education.* New Directions for Community Colleges, no.92. San Francisco : Jossey-Bass, 1995, pp.11-18.
77) Smutek, M.M. "Bunker Hill Community College : A Common Experience for Lifelong Learning." In G. Higginbottom, and R.M. Romano (eds.). *Curriculum Models for General Education.* New Directions for Community Colleges, no.92, 1995, pp.22-24.
78) Tyree, 42-44.
79) Cohen. A.M., and Sanchez, J.R. らによれば,コミュニティ・カレッジを最初の高等教育機関とする学生のうち,5分の1 (20%) 以上が4年制大学(州内の公立4年制大学・カレッジ)へ転学する(私立大学を含めると25%~26%になる)という〈"The Transfer Rate : A Model of Consistency." *Community College Journal*, 68(2), 1997, 24-26〉.
80) ニューヨーク州立・市立大学に代表されるように,前期課程を分校という形態で組み込んでいる4年制大学(特に地域州立総合大学)がある.
81) Kerr, 74 (喜多村和之監訳『アメリカ高等教育 試練の時代1990~2010年』玉川大学出版部, 1998).
82) Boggs, G.R., Carter, J.J. らによれば,カリフォルニア州のマスター・プランでは,ハイスクール現役卒業生の上位12.5%が研究大学であるカリフォルニア大学系に進学し,次の上位3分の1は,カリフォルニア州立大学の進学が認められ,残りの

学生がコミュニティ・カレッジに進学するという〈"The Historical Development of Academic Programs in Community Colleges." In G.A. Baker III (ed.). *A Handbook on the Community College in America : Its History, Mission, and Management.* Westport, Connecticut : Greenwood Press, 1994, p.223〉.

83) また Cohen, A.M., Brawer, F.B. らは，ACT・SAT，各州が実施するテスト結果の分析から，他の4年制大学・カレッジに進学する学生に比べて，かなりスコアが低いことを指摘している〈*The American Community College (3rd ed.)*, 46-47〉.

84) 筆者は，全米コミュニティ・カレッジ協会のデータ (1996～1997) から「4年制大学・カレッジに在籍しながら，コミュニティ・カレッジで科目登録している学生」の割合を算出した．それによれば，他の4年制大学・カレッジに在籍しながら，コミュニティ・カレッジで科目登録している学生は21.4％であった．最も割合の高い州はユタ州で31.1％，低い州はペンシルベニア州で15.3％であった．ちなみに，学士号（それ以上の学位も含めて）をすでに取得している者で，コミュニティ・カレッジの何らかのプログラムに参加している者は18％．最も割合の高い州はマサチューセッツ州で25.2％，最も低い州はウエスト・バージニア州で11.4％であった (American Association of Community Colleges. *A State-by-State Analysis of Community College Trends and Statistics : 1996-1997 Annual*, 1996).

85) "Crunching the College Year : School's out for '98 ? But This is only April." *USA Today*, Weekend Edition, no.2445, 1998.

第2章 「補習教育」の概念枠組み

本章では,主として「補習教育」の意味合いで用いられたタームの変遷を考察することを通して,「補習教育」についての概念枠組みを明らかにすることを目的としたい.というのも,タームの変遷が「補習教育」の概念枠組みの拡大につながっているからである.また,概念枠組みが拡大される契機となるターム,'developmental education'についての訳出も試みる.

第1節 歴史的展開

アメリカ高等教育機関は,その誕生期よりカレッジ・ワークと学生との学力差を補うための準備プログラムをもっていた.アメリカ高等教育機関において,準備プログラムについての論議はむしろ教育的伝統であった.つまり,学力不足の学生に対して,適切な教育機会を提供することがアメリカ高等教育の伝統的責務であり,高等教育の発展における主要素であったのである[1].また,コミュニティ・カレッジの「補習教育」は,その誕生期(ジュニア・カレッジ)より,カレッジ・レベルへの準備プログラムとして存在していた[2].しかし,研究者の間では,「補習教育」の急激な発展をみることになるのは1960年以降とする捉え方が大半である[3].そこで,本節においては,コミュニティ・カレッジにおける「補習教育」の発展経緯を,1960年代以後に焦点をあてて概観する.

ところで,発展経緯を概観するにあたり,10年ごとに時期区分した.というのも,アメリカ教育の流れはほぼ10年ごとに変動するという通説の通

り[4]、「補習教育」も同様の変動軌跡を確認することができるからである．また、後ほど示すが、発展経緯を概観する上において「補習教育」ついての呼称が一定ではないという問題が生じるが、学生の学力レベルを、各々のコミュニティ・カレッジが設定する「入学基準」に到達させることを目的とした教育内容をもつ科目・プログラムを「補習教育」と捉え、時代区分を進めるものとする．

1．「概念拡大」前期（1960～1970）

第2次世界大戦後、次の2つのグループに対する教育の提供を、高等教育機関に迫ることになった．第1のグループは、数百万人もの退役・現役米軍下士官兵、第2のグループは、1964年の「公民権法」（Civil Rights Act of 1964）および「高等教育法」（Higher Education Act of 1965）を受けて、「非選抜入学（登録）制」政策により入学してきた1960年代から1980年代にかけての「低所得層出身学生」や「低学力の学生」であった[5]．この趨勢により、Cross, K.P., Donovan, R.[6] らの認識に従えば、1950年から1970年にかけての高等教育の大衆化に応える形で、つまりは、それに伴う Cross, K. P. のいうところの「新しい学生」（new students）[7] の「受け皿」としての役割を、コミュニティ・カレッジは期待されることになった．このような、高等教育機関への新しいタイプの学生（non-traditional students）の参入は、「補習教育」科目の増加を導くことになった[8]．ひとつに、1964年の公民権法や1965年の高等教育法の制定により、特に低所得層出身の学生達が、「学生ローン」「奨学金」などを目的に連邦政府の財源を容易に引き出せるようになったこと．今ひとつに、公立学校を主とする中等教育以下の教育機関が、カレッジに進むための必要なスキルを学生に保証できなくなってきたこと、などがその背景にある．「補習教育」の概念も1960年代半ばからの生涯教育（life-long education）などの趨勢をも

って,「リーディング」「ライティング」「数学」などの「補習的意味合いをもつ大学教育への準備科目」という伝統的範疇から,「成人基礎教育」などの識字レベルの教育内容をも包摂する「成人教育」の意味合いをもつ概念への変化（概念の拡大）がみられるようになってきた[9]．

まとめると,「補習教育」プログラムが大きな変換期（拡大期）を迎えることになる直接的な要因には，1960年代からの公民権運動の高まりがあった．教育の機会均等が謳われ，マイノリティ[10]の高等教育（中等後教育）への参加が増大した．結果として，大量の「高等教育の伝統的学力基準を下回る学生」達に対する救済措置（政策）を，コミュニティ・カレッジに迫ることとなった．

2．「概念拡大」後期（1970～1980）

1970年には，コミュニティ・カレッジのカリキュラムのなかで「補習教育」は，大きな位置を占めるまでになってきた[11]．同プログラムに対するタームも,'preparatory studies,' 'academic support programs,' 'compensatory programs,' 'learning assistance,' 'basic skills,' 'remedial'と多岐に及んでいたが[12]，"developmental education"がそれらのタームの総称として使用されるようになってきた．これは，主として同プログラムに従事する教育実践者からの動きであった．

「補習教育」の普遍化，つまりはコミュニティ・カレッジの正式な教育課程として，広くコンセンサスを獲得する大きな契機（全米レベルの広がり）には，1970年代初期からのニューヨーク市立大学（City University of New York）における実践を挙げることができる．同カレッジは，8つの2年制短期大学と9つの4年制大学をもつマンモス校であるが，8つのコミュニティ・カレッジにおいて，入学時における「非選抜入学（登録）制」を採用した結果，数多くの非伝統的な学生が入学し，「補習教育」の再構築が必

要になったのである．かくして，Donovan, R.A. の言葉を借りれば，1970年代に「補習教育の突然の成長」をみることになり，「補習教育」概念は拡大された概念とともに成長してくことになった．先例のないほどの「高等教育の伝統的学力基準を下回る学生」(underprepared students)，つまりは，従前の高等教育機関の入学基準の枠組みのなかでは認められなかった者達の増加が，「補習教育」プログラムの見直しを教職員に迫ることになったのである[13]．これは，マイノリティの問題ばかりではなく，中流クラス以下の白人の問題でもあった[14]．

しかし，この傾向は専門科目（カレッジ・レベル科目）に加え，「補習教育」科目も担当しなければならないという意味において，コミュニティ・カレッジの教員に負担を強いることとなった．というのも，まだこの時期においては「補習教育」を専門に担当する教員システムは確立されておらず，しかも大半の教員は，「補習教育」科目を教えることに対して積極的ではなかったからである[15]．また，限られた予算という理由において，パート・タイムの教員に依存しなければならないという現実が一方においてあった[16]．

この 1970 年代は，全米レベルの「補習教育」についての会議が開催され，教育内容・教授法・カリキュラムなどについての調整がはじまる時期でもあった．「全米補習教育協会」(National Association for Developmental Education)，「カレッジ・リーディング・ラーニング協会」(College Reading and Learning Association) をはじめとする全米レベルの組織結成がそれである．加えて，「補習教育ジャーナル」(Journal of Developmental Education)，「カレッジ・リーディング・ラーニング・ジャーナル」(Journal of College Reading and Learning) など同プログラムについての研究ジャーナル誌の刊行をみる時期[17]でもあった．

3．専門性の確立期（1980～1990）

　1980年代に入ると，「補習教育」相当プログラム・科目に対する様々な呼称を"developmental education"に統一しようとする動きが現実的なものとなってきた[18]．背景には，名称の不統一がプログラムを不明瞭なものにしているとする主張があった．これは「補習教育」の歴史が，アメリカ高等教育において意義ある役割を担ってきたにもかかわらず，いかにひとつの旗のもとで教育機能を展開できなかったかということのなかに呼称の不一致の原因があるとする考え方である[19]．呼称の不一致が，専門性への可視性を減じることになったというのである．Payne, E.M., Lyman, B.G. などに至っては，「補習教育」に対する多様なネーミングは，「アイデンティティ・クライシス」（identity crisis）とはいわないまでも，「アイデンティティ・プロブレム」（identity problem）の証左であると指摘した．また，「補習教育」領域と外側の領域との明確なコミュニケーションをはかることが，ターム変化のひとつの契機となった．実際，「補習教育」科目は，外の科目領域（特に「カレッジ」科目）の影響を強く受けてきた[20]．

　この文脈により，基礎学習技能の教授法を向上させることが，教員にとって喫緊なる課題となった．「革新的教授法」（innovative classroom strategies），「教材」（instructional materials），「学習環境」（learning environment）など，学習・教授環境の整備が求められてくることになった．コミュニティ・カレッジは，学生達が成功するための合法的な方策を探求することになったのである[21]．これは一方において，「補習教育」の「プログラム（科目）としての専門性」が開花したことを意味する．カリキュラム・サービスなどの見直し，特には「教育使命」（educational missions）の抜本的変更をコミュニティ・カレッジに迫ることになったのである．

4.「補習教育」提供機関としての定着期（1990～現在）

1990年代は,「補習教育」がコミュニティ・カレッジのなかで重要な機能として位置づけられてくると同時に,「補習教育」の慢性的問題点を内外から強く指摘される時代でもあった.

「カレッジ・ワーク」と「補習教育」との関わりのなかで生じている問題点について, Tomlinson, L.M. がうまく整理している. Tomlinson, L.M. によれば, 問題点は次の2点に集約されるという. ひとつは,「補習教育」は, 高等教育の「アカデミックの基準」（academic standard）を低めることに貢献しているという点. 今ひとつは, 広く確立されつつある「補習教育」についての認識であるが, 高等教育機関レベルでの同プログラム・科目の提供は, 初等・中等教育レベルと比べコスト面での負担が大きいという点である[22]. つまり,「どれくらい長い時間,『読めない同じ人』を教えることに税金を使わなければならないのか」という納税者からの批判である[23]. 後者の見解は, 20のキャンパス（4年制大学・カレッジとコミュニティ・カレッジ）をもつカリフォルニア州立大学が「補習教育」を2007年までに廃止するという提案を導く契機になった[24]. また, ニューヨーク州立大学（State University of New York）においても, 財政的効率性（cost-cutting）から4年制大学の「補習教育」を制限し, その役割をニューヨーク州立大学に組み込まれているコミュニティ・カレッジに委譲するという提案がなされることになった[25]. ニューヨーク市立大学（City University of New York）もニューヨーク州立大学同様, 4年制大学・カレッジとコミュニティ・カレッジをもつが, 第1年次で「補習教育」科目を完全に修了していない者は, 4年制大学・カレッジに転学できないという旨の発表を行った. その役割を夜間学校（主としてハイスクール）か, コミュニティ・カレッジに委譲する[26]ということである. これらは,「補習教育提供機関」的性格を, コミュニティ・カレッジが引き受ける（ざるを得ない）ことを

意味するものである．

第2節　概念的把握と基本的枠組み

　本節では，コミュニティ・カレッジの「補習教育」についての概念的把握を試み，さらには，同概念の基本的枠組みを提示することを直接的課題としたい．そのための手続きとして，「補習教育」を考察する上において鍵となる2つのターム，"remedial education" と "developmental education" を主として比較検討する．加えて，上述のプロセスのなかで，「補習教育」についての輪郭を紹介することも本節は目指している．

　ところで，「補習教育」の形態は多種多様であり，ある特定の事例をもってその実態を一般化することは困難であるが，一定の規則性はもっている[27]．そこで本節では，一般的傾向としての「補習教育」の概念的把握と基本的枠組みを提示することを目指したい．

1.「補習教育」の概念枠組み設定とその背景

(1) 枠組みと関連ターム

　まず，「補習教育」の内容について，伝統的枠組みを示しておく必要があるだろう．本書では，「カレッジ・レベルのコース・ワークへの準備教育」に相当する教育内容をもつ科目・プログラムに対し，総称的意味合いにおいて「補習教育」という日本語のタームをあて，その科目を，いわゆる3R's である「リーディング」「ライティング」「数学」[28]と限定的に捉えている[29]．次に「概念拡大」であるが，その伝統的枠組みにさらなる意味合いが加わった状態，つまりは，「教育内容（範囲）の拡大」を「概念拡大」と捉え，その状態を「基本的枠組み」ということに設定する．

　ところで，「補習教育」関連タームの一例を挙げるならば，'pre-college

programs,''preparatory studies,''academic support programs,''learning assistance,''basic skills,''compensatory education,''remedial education,'などがある．しかし，なかでも特に使用されてきたタームとして，文献・資料・高等教育機関のカタログなどから，"remedial education"を抽出することができる[30]．つまり，高等教育機関において，「補習教育」の教育内容に相当するタームは慣習的に"remedial education"が使われてきたのである．

(2) 概念拡大の背景
　第1節をまとめてみる．
　1970年代後半から1980年代中頃にかけて，主として「補習教育」実践者達から「補習教育」を巡る様々なタームの統一を目指す機運が生じた[31]．「補習教育」に対する多様なネーミングがその教育内容を不明瞭なものにし，しかもその専門性をみえにくくしてきたと彼らは主張するのである．つまり，多様な呼称が「補習教育」の内容を混乱させ，「補習教育」実践者達の取り組む姿勢を拡散させてきた，と彼らは指摘するのである[32]．
　「補習教育」成長の背景には，1964年の「公民権法」，1965年の「高等教育法」などの制定，直接的には1970年代のニューヨーク市立大学（大学部・短期大学部）の「非選抜入学（登録）制」の実践[33]がある．結果として，Cross, K.P.のいうところの「新しい学生」が高等教育機関に大量に参加してくることになった．先例にないほどの「学力的に高等教育レベルを下回る学生」，つまりは，従来の大学の入学基準の枠組みのなかでは入学を認められなかった者達の増加が，これまでの「補習教育」（ここでは，4年制大学・カレッジの「補習教育」も含める）への取り組みのあり方についての意識改革を，教職員に求めることになったのである[34]．
　この趨勢は「補習教育」の再構築，つまりは，カリキュラムの見直し，特に「教育使命」(educational mission)の抜本的変更をコミュニティ・

カレッジに迫ることになった[35]．「カレッジ」科目[36]担当者（特に英語・数学）による水増し的な教育内容の実態や，大半をパート・タイムの教員に依存しているというこれまでの「補習教育」の体質では，事態の収拾がつかないということにカレッジ当局が気づいたのである．この流れのなかで，「補習教育」および「担当教員」の専門性が問われることになった[37]．これは，主として「補習教育」実践者達からの高まり[38]，いわゆる'bottom-up movement'であった．

2．"remedial education"と"developmental education"の概念比較

ここでは，「補習教育」の概念拡大を考察するための手続きを，特に"remedial education"と"developmental education"の両概念の比較に求めたい．というのも，「補習教育」の概念変化を考えるとき，伝統的タームである"remedial education"と"developmental education"との関わりに限定して検討することは，不可欠な作業だからである[39]．その際，Clowes, D.A.の研究成果を援用したい．Clowes, D.A.は，両概念比較に関して卓説を示している[40]．

(1)「タームが含意する意味」(TERMS DISCRIBED)

Clowes, D.A.は，両概念を「タームが含意する意味」と「タームの相違点」を軸にうまく整理している．

Clowes, D.A.によれば，"remedial education"の'remedial'というタームそのもののオリジンは'remedy'に求めることができるが，その語義は「癒す」「治療する」「健康（無傷）にする」などであるという．また，'remedial'が内包する「治療」は，学生の「弱さを固定するものとしての教育」，湿布薬として「一時的に苦痛を和らげるものとしての教育」という意味を含むものであるという．一方，"developmental education"について

は，'develop'の語義の可能性を「進化させる」(to evolve the possibilities of)，「積極的にする」(to make active)，「成長を促す」(to promote the growth of)，「役立たせる」(to make available or usable)，「徐々に開いていく」(to cause to unfold gradually) などという解釈に求めている．Clowes, D.A. によれば，このターム出現の背景には，1970年代からの流れ，つまり，個人の価値を強調し，個人の差異をネガティブにみるのではなく「独自」の可能性として捉えようとする流れがあるという．これは，個人の継続的な成長や変化という概念に焦点をあてる解釈である[41]．

(2)「タームの相違点」(TERMS DISTINGUISHED)
 2つのタームが含有する機能には，それぞれ区別され得るもの（根拠）が明確にあるという．Clowes, D.A. によれば "remedial eduaction" とは，基本的に，学力的に従来の高等教育レベルを下回る「エリート層出身学生」達のための教育であるという．彼らを各大学・カレッジが設定する許容範囲（学力レベル）に到達させるために，「医療モデル」をもって処置にあたるとする考え方である．これは，高等教育が主として社会のエリートのために機能していた時代の所産であるという．特別な弱点が診断され，適切なトリートメントが処方され，患者はそのトリートメントの効果についての評価がなされる．トリートメントが不適切であれば処方が再検討されるというプロセスが繰り返される．しかし，「テストされ，診断され，処方され，トリートされ，リトリートされる患者としての学生」というラベリングにつながるターム (remedial) が使用されることにより，「補習教育」は「大学の使命」のなかで，かなりネガティブなトーンを醸成することになってきた．というのも，'remedial' の語義が，「欠点のある学習習慣の矯正」というニュアンスにパラフレイズされることにより，"remedial education" は，学生の欠点 (student weakness) から生じた「『学習者の不適格性』という意味合いを強く含んだ語」と捉えられるようになってきたというの

である.つまり,"remedial education"とは,「学習技能分野における特別な欠如を矯正する営み」というのである.高等教育にひきつけると,「高等教育機関の教育内容レベルに学力を引き上げる」ことがその役割になる.結果として「補習教育」は,"remedial education"が含意するニュアンスにより,「学力的に遅れている者達に対して施す教育」という性格を強く帯びてきたという[42].

一方"developmental education"である.Clowes, D.A. は,"developmental education"を「人間教育」(humanistic education)と捉える.これは,学生個々人が設定する「学業」や「内的成長」の到達最低レベルに学生を導くことが,"developmental education"に期待される教育目的とみなす考え方である.ここで強調されることは,「学業上の欠陥を矯正したり,環境不全を埋め合わせることにとどまらず,自らの発達段階上の位置づけを学生自身が適切に認知できることを"developmental education"は目指す」という側面である.つまり,学生が十分に「機能的成人」(functional adults)[43]になることを手助けする教育実践に,"developmental education"の存在意義を見いだすことができるというのである.それを実現させるために,高等教育機関は,学生サービスなどの学業上の援助を「補習教育」登録学生に提供する.結果として,高等教育機関は,学生自らが「人間発達」のプロセスと段階について学ぶために,高等教育機関がもつすべての資源を学生に注ぎ込む努力がなされることになったという."developmental education"は,学生が自らの人生(生活)の方向性や目的を決定し得る力を醸成するために期待される教育環境であり,その意味において「アカデミックな学科分野」や「能力」を超えるものとして定義づけられるべきものであると主張する[44].

まとめると,"remedial education"は,「補習教育」に学ぶ学生の欠点を強調する,いわゆる「学習者の不適格性」という意味を強く含んだタームであり,該当者のみが対象となる捉え方である.一方,"developmetal education"は，すべての学生が通過する人生やプロセスの連続を強調する「発達重視のプログラム」(growth-oriented program) である．人生上の選択やプロセスは，学習技能によって促進されるばかりでなく，またカレッジ・レベル領域の学生であるなしに関わることなく，「人間関係に対応するためのスキル」や「人生を切り抜けるスキル」をもって果たされるものであるという[45]．

3．「補習教育」の基本的枠組み

ここでは，「補習教育」の基本的枠組みについて検討するために，「全米補習教育協会」(National Association for Developmental Education)（以下，NADE）と「全米コミュニティ・(ジュニア)・カレッジ協会」(American Association of Community and Junior Colleges) などによる「補習教育」についての定義を整理する．両協会とも"developmental education"をタームとして採択している．

まずは，NADE の解釈である．NADE は「補習教育」を，「発達心理や学習理論などに理論的基盤をもつ高等教育内での実践および研究分野」と捉える．また，「中等教育後の学習者すべての認知的・情緒的成長を促進するもの（学習の連続体）」「学習者の個人差や特別なニーズに対して敏感であり反応するもの」，などと定義づける．そして，そのプログラムおよびサービスは，一般に「アカデミック準備」「診断的評価やクラス分け」「学習者の情緒的障害」「特別な学習戦略の開発」などに取り組むものであるという．その到達目標は，中等後教育学習者達に ①可能な限りの教育機会を確保したり設けたりする，②アカデミックな人生を謳歌するために必要な学習技能や態度を発達させる，③（特にカレッジ・レベルの科目履修を希望する者達に対して）適切な学力評価とクラス分けを保証する，④（アカデミック・スタンダードを維持するために）カレッジ・ワークを成功させる

ために必要な能力を獲得させる，⑤定着（retention）率を高める，そして，プログラムの ⑥認知的・情緒的学習理論の継続的開発と応用を促進させる，などである[46]．

　次に，全米コミュニティ・（ジュニア）・カレッジ協会の定義である．同協会はNADEの運動の影響を受けている．同協会は，「補習教育」を「学力がカレッジ・レベルに到達していない学生に対して，成功する学習者となるように導くプログラム」であり，中等後教育において施されるものであると捉える．「補習教育」は，①適切な基礎学習を習得しないまま「最近ハイスクールを卒業した学生」，②ハイスクール卒業後相当年数経ているがゆえに学習面が活動休止状態である「成人復学生」，③アカデミック達成に対して「低い動機をもつ学生」，④英語を第2外国語とする主に「留学生」，などに対して適切な「アカデミックな手段」を提供することができる，と同協会は主張する．加えて，効果的な「補習教育」とは，「それぞれの学生の能力レベルに即した教育経験を提供し，アカデミック・エクセレンスの標準を保証し，学業や仕事を続ける上において個々人に必要なアカデミックな技能を構築するもの」と位置づける．つまり，同協会は「個々人の学びの連続体のなかで，それぞれのレベルの必要性に即応する多様な教育実践を提供する」という解釈を示しているのである[47]．

　この両協会と連邦教育省との解釈上の差異であるが，連邦教育省は，より限定された意味合いにおいて，その教育内容を「カレッジ・レベルへの準備教育」と捉えているのは先に述べた通りである．タームも"remedial education"と伝統的タームを採択している．一方NADEや全米コミュニティ・（ジュニア）・カレッジ協会などにおいては，「カレッジ・レベルへの準備教育」という単なる教科教育的視角に加えて，段階的課題である「人間発達」のニュアンスを加味することによって，あらゆる人たちの学習レベルや要求に対応していこうとする姿勢を示している．そのことから，プログラム内容も「カレッジ・レベルへの準備教育」にとどまらない「総合

教育プログラム」的内容を包摂するものがイメージされることになる．

このような NADE, 全米コミュニティ・(ジュニア)・カレッジ協会などの「補習教育」に対する解釈は，コミュニティ・カレッジの「補習教育」の範囲を拡大することになった．つまり，「補習教育」の教育範疇(内容)のなかに「成人基礎教育」(Adult Basic Education)[48]，「GED テスト準備」(General Education Development Preparation)[49]，「ハイスクール卒業資格取得」(High School Completion)[50]，「ESL」(English as a Second Language)[51]，「ESL 識字」(ESL Literacy)[52]などを含めることになったのである．これまでの伝統的取り組みである，カレッジ・レベルのコース・ワークへの準備基礎科目に加えて，「識字レベル」[53]の科目をも含めた総合教育プログラムとして「補習教育」を捉えるということである．これは，先に引用した NADE や全米コミュニティ・(ジュニア)・カレッジ協会の定義からみられるように，いわゆる識字レベルからカレッジ・レベルに学ぶあらゆる学生(学習者)の「発達」を目指す教育へとシフトする文脈のなかで生じた拡大解釈ということができよう[54]．この概念拡大を，コミュニティ・カレッジにおける「補習教育の基本的枠組み」と本書では位置づける．この基本的枠組みは，以下のように分類できる．

> ①カレッジ前レベルの「補習教育」(pre-college level developmental education)
> ②非カレッジ・レベルの「補習教育」(non-college level developmental education)

①は，主として「4 年制大学・カレッジへの転学単位科目」の登録を目指す学生を対象とした「補習教育」科目・プログラムであり，②は，主として学生(学習者)が短期間での資格取得を目指したり，識字力等を高めることを目的とする教育内容である．

つまり，コミュニティ・カレッジの「補習教育」は，①の伝統的枠組みに加え，②の「成人基礎教育」など識字教育レベルまでを包摂するものなのである．同プログラムを効果的なものにするための学習環境であるが，補完的科目として「批判的思考技術」「スタディ・スキルズ」，そのための補助的サービスには「カウンセリング」「チューター制度」などがある．施設としては，「学習支援センター」「個人学習室」を所有しているのが一般的である[55]．

ここで，コミュニティ・カレッジの「補習教育」(developmental education) の図式化を試みてみよう．

補習教育（developmental education）

```
┌─────────────────────────────────────────┐
│  カレッジ前レベル科目・プログラム          │    基本的に高卒資格
│  (pre-college level developmental        │    を有する者が対象
│   courses / programs)                    │   （第12学年以上の
│              ↑        ↑                  │    学力レベル）
│  ┌──────────────────────────────────┐   │
│  │ 非カレッジ・レベル科目・プログラム │   │
│  │ (non-college level developmental  │   │    第10学年以上
│  │  courses / programs)              │   │    の学力レベル
│  │ ハイスクール卒業資格取得 / GEDテスト準備│
│  │ (High School Completion)(GED Preparation)│
│  └──────────────────────────────────┘   │
│              ↑        ↑                  │
│  ┌──────────────────────────────────┐   │
│  │       成人基礎教育                 │   │    第8・9学年以下
│  │    (Adult Basic Education)         │   │    の学力レベル
│  └──────────────────────────────────┘   │
│              ↑        ↑                  │
│  ┌──────────────────────────────────┐   │
│  │       ESL識字                      │   │    非識字者レベル
│  │     (ESL Literacy)                 │   │
│  └──────────────────────────────────┘   │
└─────────────────────────────────────────┘
```

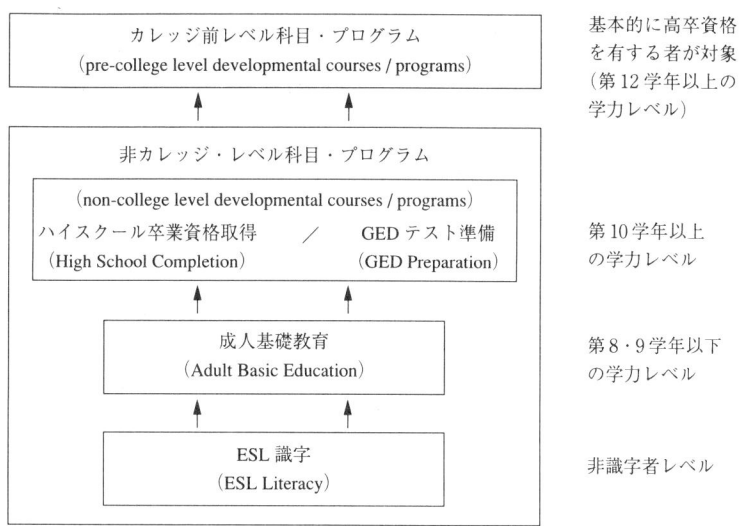

上に示した各々のプログラムの学力レベルは，コミュニティ・カレッジのカタログや，筆者が実施したインタビュー・アンケートなどから割り出した一応の目安である[56]．「カレッジ前レベル科目・プログラム」の学生は，基本的にハイスクール「卒業資格」(diploma) 取得，あるいは相当レベル

の学力を有することがその入学（登録）条件であるが，ハイスクール卒業の資格を有していない「ハイスクール卒業資格取得」や「GEDテスト準備」に登録している学生，「成人基礎教育」などで学ぶ学生よりも学力的に低い場合もあり得る．ハイスクール卒業後相当年数経ている「成人復学生」がそれにあたる．というのも，プログラム選択は学力如何にかかわらず，学生（学習者）の希望が優先されるからである．

第3節 "developmental education"の日本語訳出

本節においては，"developmetal education"が「発達教育」が適訳であるための根拠を示すために，主として"developmetal education"の語義を手掛かりに検討する．というのも，「開発教育」「発展教育」にみられるように，日本の研究史上においては，"developmetal education"についての訳出が一定ではないからである[57]．

ところで，"developmental education"の日本語訳出を考えるとき，Darkenwald, G.G., Merriam, S.B. らの指摘にもあるように[58]，'developmental' と 'education' というように2つのタームに区別して検討する必要がある（'development（al）' + 'education' = 'developmental education'）．しかし，'education' についてはそのターム自体に様々な解釈は存在するが，日本語訳については「教育」であることに異論をはさむものではないだろう．であるから，'education' は「教育」と訳出するものとし，ここでは，'developmental' の語義に焦点をあてることにしたい．

第 2 章 「補習教育」の概念枠組み　63

1．'developmental' の語義

(1) 'development (al)' の語幹

　まずは，英英辞典（Webster's New World Dictionary, second edition, 1982）にてその語幹をみてみよう．'Webster's New World Dictionary' によれば，'develop' の語幹は，「de-（フランス語．ラテン語では dis-）= 英語の apart」+「OFr（Old French）の voloper（to wrap: envelop）」であるという．その主な意味は，① to cause to grow gradually in some way; cause to become gradually fuller, larger, better, etc, ② to make stronger or more effective; strengthen (mustles), ③ to bring (something latent or hypothetical) into activity or reality, などである．つまり，「包み込んでいる（voloper: to wrap or to envelop）」ものを「切り離す（de: apart）」という意味が基本にあり，それから「徐々に成長（満たされていく，大きくなる，よくなる）していく」「より強くなり，効果的となる」「何か潜在的あるいは仮説的なものが現実のものになる」などの意味に変化したもの，と捉えているのである．

(2) 'development (al)' の語義

　次に 'development (al)' の語義について，英和辞典をひもといてみよう．
　まずは 'develop'，'developmental' の日本語訳を，英和大辞典『ランダムハウス英和大辞典』（NEW RANDOM HOUSE ENGLISH — JAPANESE DICTIONARY：第 2 版，小学館，1994），『研究社新英和大辞典』（第 20 刷，研究社，1990），などに求めてみる．
　『ランダムハウス英和大辞典』では，動詞（自動詞）は「発達する〈人・物・事が〉（……から）（……に）発達［発展］する，発育［成長］する」．名詞は，「（生物の）発育，成長（growth）」，形容詞の 'developmental' は，「発育［発達］（上）の；開発［啓発］的な；発生（上）の」などと，それ

ぞれ訳出されている.

一方,『新英和大辞典』では,動詞(自動詞)は「発育する,発達する」「(自然な過程をへて)発展する」.名詞は,「発達」「発育」「(哲学的用法も含めた)発展」「成長」「進化」.形容詞は,「発達上の」「発育上の」「開発的な」「啓発的な」などとなっている.

2. 日本語訳出の可能性

以上から,"developmetal education"に該当する日本語訳の可能性として,「発達教育」「発展教育」「開発教育」[59]などが考えられるが,ここでは「発展」と「開発」について若干の考察を加えてみる.

まずは「発展」である.この字義は『広辞苑』によると,「のびひろがること.展開.(哲)事物が低い段階から高い段階へと転化すること」となっており,『岩波国語辞典』も,「発展」を量的な広がり,「発達」を質的な成長と定義づけている.この限りでは,"developmetal education"が「本来学生という人間を対象とした教育的営み」を前提とするならば,物を対象とした「発展」を採択するのは不適切と考えられる.しかし,『新英和大辞典』にもみられるように,哲学的用法「哲学:発展,発達(素質または潜在的可能性が低級から高級の段階へ移行・進展すること)」の解釈を適用すれば,「自己発展」という意味での「発展」の可能性も生ずる.

次に「開発」である.「開発」という字義に対しては,二宮厚美が卓説を示している.二宮によれば,「開発」という訳出は主として経済学で用いられる言葉であり,教育を受けるものを「客体」とするニュアンスが強く,教え導く者により「開発させられる」という意味合いを内包しているという[60].また,二宮は'develop'の語源から自説を展開する.二宮によれば,'development'とは「人間の内部に宿る潜在的な力を外に向かって顕在化し,開花させる」こと,「人それぞれが持ち合わせている力をこの世に実現

第2章 「補習教育」の概念枠組み　65

する」ことであり，それは Maslow, A. のいうところの「自己実現（self-actualization）＝発達」であるという．つまり，「発達」とは，自らが実現させる「主体」というのである．

'development'（ここでは al をとる）の語義について二宮の見解を図式化すれば次のようになろう．

ディベロップ(develop) ← des(打ち消し) + 'veloper' 古仏語(包む)
　　　　　　　　　　　　　　　　　　　　　　　　　↓
　　　　　　　　　　　　　　　　　　　　　　'envelop' へ

二宮によれば，'development' とは「包む」ことを「打ち消す」こと，つまり，「開く」という意味が語源であり，「エンベロップ（封筒）を切って中に包み込まれたものを外に向かって目に見える形に引き出してやること」が本来の意味になるというのである[61]．

二宮の論に立てば，'development' の訳出は，"developmental education" の教育内容と役割（例えば，教員と学生の関係，学生の自己実現の場など）において学生が営為主体（あるいは，そのように期待されている）であるなら，「開発」という訳出は不適切ということになる．というのも，「補習教育」の実践をみてみると，「補習教育」が 'developmental' へ「ターム統一」がなされていくにつれ，「自主的に学ぶこと」が学生に期待されるようになってきたからである[62]．伝統的教授法，つまりは教員が学生に一方的に教授するというスタイルではなく，個々人の「学習スタイル」（self-paced）に合わせた「学習」システム（self-instructional packages）が教授法に採り入れられるようになってきたのである[63]．「学習支援センター」（learning center），「個人学習室」（laboratory），や「チューター制度」（tutoring），「カウンセリング」などが，そのための学習支援（施設）である．このことから，教員側が学生に自主性（自主的学習）を求めているこ

とは明らかである．「学ぶ客体」ではなく，「学ぶ主体」としての学生への期待である．

3."developmental education" ＝「発達教育」

"developmental education"の日本語訳出を導くとき，確認しておくべきことがある．それは，'remedial'から'developmental'にターム変更を積極的に働きかけた"developmental education"の教育実践者達の運動経緯の尊重という観点である．第1節・第2節の考察でも明らかになったように，「補習教育」の概念拡大は，ターム変更への彼らの熱意から生じたことであった．また，第2節にて整理した研究者・教育実践者の見解は，'developmental'という語のもつ意味，つまり「人間発達」の観点からであった．これらの観点を日本語訳出に際し，注視するのが常識的判断であろう．

ここで，タームの変遷経緯とその背景を整理してみる．

「補習教育」の様々な呼称を統一しようとする試みは，主として"remedial education"から"developmental education"への変更という流れに集約されることになる．この背景の主な要因は，'remedial'というタームのもつネガティヴな響きからの解放という現場からの叫びであった．「補習教育」実践者達が「補習教育」と「自分たち」にラベリングされたネガティヴな響きを払拭するために，タームの変換を試みることになったのである[64]．彼らは，'developmental'というタームへの改名をもってこのスティグマを克服しようとした．つまり，ポジティブなイメージを含意する'developmental'というタームへの期待である．

'developmental'そのものの語義には，段階（stages）の意味を内包することから，個人は「認知的成長」（cognitive growth）という連続をもって前進するものである，と「補習教育」実践者たちは捉える[65]．つまり彼らは，"developmental education"というタームを，すべての者が段階的に複

雑な発達課題をよりよく習得し，自己が設定する方向に到達し，依存からの脱却を実現する，という解釈に発展させたのである．これを「人間発達」(human development) という視点に帰結させる．「人間発達」とは，我々が生きている間は，決して止まることのない継続的でダイナミックなプロセスであると彼らは捉える[66]．これは，主として Piaget, J. や Bruner, J.S. らの心理学的アプローチに依拠するものである[67]．また，彼らは，個人の成長を促進する術として，コミュニケーションを取り上げた Rogers, C.R. の影響も受けている[68]．

以上の考察により，伝統的枠組みである "remedial education" は「治療教育」，概念拡大された基本的枠組みでの "developmental education" には「発達教育」という訳出が適切であろう．しかし，本書では以後断りのない限り，両枠組みのタームを含めた総称という意味合いにおいて「補習教育」と表記する．

[註]
1) Brier, E. によれば，現在知られている学生記録簿 (recordkeeping) は 19 世紀には存在していなかったが，数ある他の資料，例えば「機関記録誌や公文書」(institutinoal records and archives)，「学生出版物」(student publications)，「同窓会誌」(alumni collections)，「機関史」(institutional histories)，「紀要論文」(faculty papers) などからその事実を引き出すことができるという．それらの資料から，19 世紀のカレッジやユニバーシティにおいて，管理職や教員がカレッジ・レベルの学力をはるかに下回る学生の入学を認めていたことは明らかであるという．例えば，1828 年に，イエール・レポート (Yale Report) が「知能が標準以下の学生」(students with defective preparation) の入学許可の終焉を要求したという．また，ハーバード大学 (Harvard College) の Eliot, C.W. は，学長就任演説 (1869) で，「アメリカのカレッジは，中等教育以前の学校教育を補完する義務を負っている．初等・中等教育機関が与えることができなかった初歩の教育を，カレッ

ジが提供しなければならない」と嘆き，これは「高等教育」に対する明確な挑戦と位置づけた〈"Bridging the Academic Preparation Gap: An Historical View." *Journal of Developmental Education*, 8(1), 1984, 2-5〉. また, Boylan, H.R. によれば, 最も初期のアメリカの大学においては, ギリシャ語・ラテン語の素養に欠ける学生, あるいは牧師の職に就くことを第一義的な目的としない学生などが, カレッジ・レベルの学力を伴わない学生として位置づけられたという〈"The Cycle of New Majorities in Higher Education." In A.M. Frager (ed.). *College Reading and New Majority*. Oxford: OH. College Reading Association, 1990, pp.3-11〉.

2) Deegan, W.L., and Tillery, D. "The Evolution of Two-Year Colleges Through Four Generations." In W.L. Deegan, and D. Tillery (eds.). *Renewing the American Community College: Priorities and Strategies for Effective Leadership*. San Francisco: Jossey-Bass, 1985, p.27.

3) Donovan, R.A. "Creating Effective Programs for Developmental Education." In W.L., Deegan, and D. Tillery (eds.). *Renewing the American Community College: Priorities and Strategies for Effective Leadership*. San Francisco: Jossey-Bass. 1985, p.103.

4) 今村令子『教育は国家を救えるか ―質・均等・選択の自由―』東信堂, 1987, p.104.

5) Payne, E.M., and Lyman, B.G. "Issues Affecting the Definition of Developmental Education." In J.L. Higbee, and P.L. Dwinell (eds.). *Defining Developmetal Education: Theory, Research, & Pedagogy*. Carol Stream, IL: National Association for Developmental Education, 1996, p.13.

6) Donovan, R., and Schaier, B. "Networks: A Catalyst for Change." *Journal of Developmental & Remedial Education*, 1(1), 1978, 15-16., Cross, K.P. "Determining Missions and Priorities for the Fifth Generation." In W.L. Deegan, and D. Tillery (eds.). *Renewing the American Community College: Priorities and Strategies for Effective Leadership*. San Francisco: Jossey-Bass, 1985, pp.34-50., Donovan, "Creating," 103-107.

7) 「新しい学生」とは, ①大学修学人口とされる18歳から22歳以外で, 特に25歳以上の学生, ②少数の科目のみ受講（登録）するパート・タイムの勤労学生, ③中年で家族をもつ女性（正規のカレッジ学生), ④一般成人のための公開講座・通信

教育などを受講する学生，⑤夜間や週末のクラスのみ参加する学生，⑥継続教育として勉強する勤労学生，⑦（キャリア・アップのために）実技的・実践的なプログラムを希望する学生，などであるという（Cross, K.P. *Beyond the Open Door— New Students to Higher Education.* San Francisco : Jossey-Bass, 1971, pp.12-16）．Maxwell, M. によれば，「新しい学生」は今やアメリカの高等教育機関では「一般の学生」になっているという（*Improving Student Learning Skills.* San Francisco : Jossey-Bass, 1979）．また，この「新しい学生」というタームは「非伝統的学生」と同義で使われることも多い．

8) Boylan, 3-11.
9) Donovan, R.A. によれば，"developmental education" が確とした形をもつようになるのは，1970年代であるという（Donovan, "Creating," 103-128）．
10) この場合，白色人種（Caucasian）以外を「マイノリティ」とする．近年は特にヒスパニック系，アジア系移民が多い（National Center for Education Statistics. *The Condition of Education 1997.* U.S. Office of Educational Research and Improvement, Department of Education, 1997, p.395, p.397）．
11) Roueche, J.E. "An Interview with Dr. John. E. Roueche." *Journal of Developmental and Remedial Education*, 1978, 1(1), 5-6.
12) Payne, and Lyman, 13.
13) Donovan, "Creating," 103-128.
14) Donovan, and Schaier, 15-16.
15) Donovan, "Creating," 103-128.
16) Brier, E. "Educating the Underprepared : Magic, Mystery or Miracle." *Journal of Developmental & Remedial Educaiton*, 2.(1), 1978, 7.
17) Spann, M.G., Jr., and McCrimmon, S. "Remedial / Developmental Education : Past, Present, and Future." In G.A. Baker III (ed.). *A Handbook on the Community College in America : Its History, Mission, and Management.* Westport, Connecticut : Greenwood, 1994, p.165.
18) Spann, M.G., Jr. や McCrimmon, S. らによれば，1960年代後半から1970年代初期にかけての動きであるという（Spann, and McCrimmon, 161）．McGrath, D. や Spear, M.B. らは，1970年代と捉えている（*The Academic Crisis of the Community College.* Albany : SUNY Press, 1991, p.49）．

19) Clowes, D.A. "More Than A Definitional Program : Remedial, Compensatory, and Developmental Education." *Journal of Developmental & Remedial Education*, 4(1), 1980.
20) Payne, and Lyman, 12-13.
21) Donovan, and Schaier, 15.
22) Tomlinson, L.M. "Postsecondary Developmental Programs." *ASHE-ERIC Higher Education Report 3*. Washington, DC.: George Washington University, 1989 (Payne, and Lyman, 11-20).
23) Cohen, A.M. "Responding to Criticism of Developmental Education." In K.M. Ahrendt (ed.). *Teaching the Developmental Education Student*. New Directions For Community Colleges, no.57. San Francisco : Jossey-Bass, 1987, p.5.
24) Chandler, J., and Colvin, R.L. "Nearly Half of CSU Students Need Remedial Courses." *Los Angeles Times*, January 6, 1995, p.A1.
25) The preceding summarized from "State Notes." *The Chronicle of Higher Education*, No.3, 1995, p.A41 ("SUNY May Limit Remedial College Courses." *Journal of Developmental Education*, 19(3), 1996, 36).
26) New York Times, June 27, 1995 (National Center for Education Statistics. *Remedial Education at Higher Education Institutions in Fall 1995*. Statistical Analysis Report October 1996, Washington, D.C.: U.S. Department of Education, Office of Educational Research and Improvement. 1996, pp.1-2). Spann, M.G., Jr., McCrimmon, S. らによれば, 1920年代から「補習教育」の役割を4年制大学・カレッジからジュニア・カレッジに委嘱する傾向がみられたという. しかし, 実際に,「補習教育」というひとつの教育分野として認識されるようになるのは1960年代からと捉えることが適切であろう (Spann, and McCrimmon, 164, 171).
27) Vaughan, G.B. *The Community College Story : A Tale of American Innovation*. Washington, D.C.: American Association of Community Colleges, 1995, pp.2-10.
28) ここでは, 第9学年から第12学年レベルの 'mathematics' を指している.
29) National Center for Education Statistics, *Remedial Education*, 2.
30) Clowes, "More Than A Definitional Program," 8.
31) プログラムの名前を統一することの重要性を主張している者に, Clowes, D.A. 〈"Form and Function." *Journal of Developmental & Remedial Education*, 1979,

3(1), 2-3, 13〉, Ward, B.〈"Learnig Lab..Center...Clinic? or What's in Name?" *Journal of Developmental & Remefdial Education*, 1979, 2(3), 4-6〉, Upchurch, R.〈"Developmental Mathematics through Rose-Colored Glasses." *Journal of Developmental & Remedial Education*, 1980, 3(3), 5-6〉などがいる. Payne E.M. と Lyman, B.G. らは, 多様なネーミングが「補習教育」の「アイデンティティ・クライシス」といわないまでも,「アイデンティティ・プロブレム」となっているのではないかという見解をもつ (Payne, and Lyman, 13).

32) Clowes, "More Than A Definitional Program," 8.
33) Donovan, "Creating," 103-128.
34) Donovan, "Creating," 103-128.
35) Donovan, and Schaier, 15.
36) ここでは,「科目番号100以上」をカレッジ・レベルの科目としている.
37) Roueche, J.E. and Kirk, R.W. *Catching Up : Remedial Education*. San Francisco : Jossey-Bass, 1972, pp.1-23., Barshis, D.E., and Guskey, T.R. "Providing Remedial Education." In G.B. Vaughan (ed.). *Issues for Community College Leaders in a New Era*. San Francisco : Jossey-Bass, 1983, pp.76-99.
38)「補習教育」についての全米レベルの研究誌 'Journal of Developmental (& Remedial) Education' に掲載された「補習教育」実践者たちの研究論文 (理論・実践) や, 全米補習教育協会 (National Association for Developmental Educaiton) が刊行する学会誌に掲載された研究成果などから, 筆者が判断した.
39) Ward, 4-6.
40) 様々な研究者が, Clowes, D.A. による両概念の比較分析を拠り所としている. 一例を挙げれば, Cohen, A.M., Brawer, F.B. らは, Clowes, D.A. の近年の論文〈"Remediation in American Higher Educaion." In J. Smart (ed.). *Higher Education Handbook of Theory and Research*, Vol.8. New York : Agathon Press, 1989〉を取り上げている〈*The American Community College (3rd ed.)*. San Francisco : Jossey-Bass, 1996〉. その他, Spann, M.G., Jr., McCrimmon, S.〈"Remedial / Developmental Education : Past, Present, and Future." In G.A. Baker III (ed.). *A Handbook on the Community College in America*. Westport, Connecticut : Greenwood, 1994〉, McGrath, D., Spear, M.B. らは, 本章にて取り上げた論文 (1980) を引用している〈"The Politics of Remediation." In K.M. Ahrendt (ed.).

Teaching the Developmental Education Student. New Directions for Community Colleges, no.57. San Francisco : Jossey-Bass, 1987〉.
41) Clowes, "More Than A Definitional Program," 8-10.
42) Clowes, "More Than A Definitional Program," 8-10.
43) 社会生活を送るのに必要な，読み・書き・計算能力（Harman, D. *Illiteracy : A National Dilemma.* New York : Cambridge, 1987, pp.8-11）.
44) Clowes, "More Than A Definitional Program," 8-10.
45) Clowes, "More Than A Definitional Program," 8-10.
46) NADE が刊行する研究論文集 'Defining Developmental Education : Theory, Research, & Pedagogy. (1996)' の創刊号の裏面に記してある．また，NADE 発行のポスターは，"developmental education" の教育目標をも併せて明らかにしている．
47) Michigan State Board of Education. *A Survey of Student Assessment and Developmental Education In Michigan's Public Community Colleges : Final Report, Second Edition*, 1990, May, p.2.
48) 成人を対象にした基礎学習技能習得プログラム．「リーディング」「ライティング」「数学」が基本科目である．基本的に，第 8・9 学年の学力レベル未満の者を対象としている．その後，「GED テスト準備」「ハイスクール卒業資格取得」などの各プログラムへ進み，高卒資格取得を目指すのが一般的とされている．
49) 「GED テスト」のための準備プログラム．日本でいう「大学入学資格検定」に類似している．
50) コミュニティ・カレッジにおいて，ハイスクールのカリキュラムを提供するプログラム．一般的に 18 歳以上を対象としている．
51) 主として，アメリカの大学・カレッジへの進学を希望する「英語を母語・母国語としない留学生が対象である（母国において高卒資格をもつものが大半）．
52) 日常会話レベルの教育内容が一般的であり，主として近年アメリカに移民した人達（アジア系・ヒスパニック系移民）を対象としている（特に，母国で初等・中等の教育レベルを十分に受けていない者が中心）．「全米補習教育センター」(National Center for Developmental Education) のセンター長の Boylan, H.R. は，「ESL」「ESL 識字」を「補習教育」(developmental education) のなかに含めるべきではないと主張している．両コースは，どちらかといえば「言語学系」の範疇に入ると

いう点，すでに，その分野の専門性が確立している点，などをその理由としている (Boylan, H.R., Bonham, B.S., and Bliss, L.B. *National Study of Developmental Education : Students, Programs, & Institutions of Higher Education. Summary Report*. Boone, NC : National Center for Developmental Education, 1992).〈註48)〜52) は，Tacoma Community College (1997-1999)，Pierce College (1994-1996), Edmonds Community College (1992-1994) などのカタログを参考にした.〉

53) コミュニティ・カレッジにおける「識字レベル」とは，「成人基礎教育」の教育内容以下（第9学年以下）のレベルを指すのが一般的 (Office of Adult Literacy. *Basic skills Competency Indicators : Adult Basic Educaion, English as a Second Language, Interpersonal and Problem-Solving*. Olympia, Washington : State Board for Community and Technical Colleges, 1997).

54) Barshis, and Guskey, 89-90.

55)「全米補習教育センター」のセンター長 Boylan, H.R. 氏への筆者による書簡での質問のなかで，氏は，連邦教育省が「補習教育」(remedial education) の解釈を伝統的枠組みの教育内容に限定していることを指摘し，批判した（1998年8月).

56) ワシントン州のコミュニティ・カレッジへのアンケート調査（1993年9月)，ヤキマ・バレィ・カレッジ (Yakima Valley College : 1994年10月)，ピアス・カレッジ (Pierce College)，コミュニティ・テクニカル・カレッジ州委員会 (Washington State Board for Community & Technical Colleges) でのインタビュー（いずれも1998年8月）などをもとに判断した.

57) 喜多村和之と川口仁志らは「開発教育」，塚田富士江は「発展教育」と訳出している（喜多村和之『現代の大学・高等教育 —教育の制度と機能—』玉川大学出版部，1999, p.176., 川口仁志「アメリカ高等教育における補習教育の歴史」民主教育協会『IDE 現代の高等教育』1995, p.64., 塚田富士江「米国コミュニティ・カレッジ教育の動向 —ワシントン州にみる制度改革とその意義—」名古屋大学教育学部 社会教育研究室編『社会教育年報』第10号，1993, pp.93-102).

58) Darkenwald, G.G., and Merriam, S.B. *Adult Education : Foundations of Practice*. New York : Harper Collins, 1982, p.6.

59) 'development education' があり,「開発教育」と日本語訳出されている.「開発教育」とは一般に「開発途上国の貧困や飢餓，病気などの問題を人類共通の課題とし

て捉え，南北戦争や第三世界の人々に対する理解を深め，途上国の主権の擁護・確立と社会経済の発展を期する教育」(『現代教育学辞典』, 1988, p.59) を指すものであり，本書にて取り扱う "developmental education" の教育内容とは基本的に異なっている.

60) 二宮厚美『いきがいの構造と人間発達』労働旬報社, 1994, p.7.
61) 同上書, pp.7-10.
62) Vaughan, G.B., and Puyear, D.E. *After Open Door : An Approach to Developmental Education*, 1972, 1-19 pp. (ED059714).
63) Mink, O.G., and Watts, G.E. *Reality Therapy and Personal Instruction.* 1973, 1-12 pp. (ED1415323).
64) Nist, S.L. "Development Versus Remedial : Does A Confusion of Terms Exists In Higher Education Reading Program ?" *Journal of Developmental Education*, 8(3), 1985, 8-10.
65) Nist, 8-10.
66) Miller, T. "Student Development : an Interview with Ted Miller." *Journal of Developmental & Remedial Education*, 1980, 3(3), 7-8, 14.
67) Nist, 8-10.
68) McGrath, and Spear, 50., Barshis, and Guskey, 76.

第3章 「補習教育」の実状

　第2章において,「補習教育」を,①カレッジ前レベルの「補習教育」(pre-college level developmental education) ②非カレッジ・レベルの「補習教育」(non-college level developmental education) に2分類した.本章においては,連邦教育省や単州(ワシントン州)によるデータに加え,筆者が実施したアンケート調査・インタビュー[1]などの結果をもとに,コミュニティ・カレッジの「補習教育」の実態に迫ってみたい.

　なお,本書においては,以後「補習教育」と表記する場合は「補習教育」の科目・プログラムの総体を意味し,「補習教育」科目と表記する場合は,特に個々の「補習教育」の科目を意識して使用するものとする.

第1節　カレッジ前レベルの「補習教育」

　まずは,連邦教育省が,全米の高等教育機関[2]を対象に,1995年に行ったアンケート調査の結果をまとめた『高等教育機関の補習教育』(Remedial Education at Higher Education Institutions in Fall 1995) を援用する.同資料は,連邦教育省の「全米教育統計センター」(National Center for Education Statistics) が,1995年に849の全米の4年制大学・カレッジ(公立・私立) と2年制短期大学(公立・私立)に,30分で終了し得る即答式の質問 (Quick Information System) に対する回答を依頼し,集められたデータ(回答結果) をまとめたものである.各々の教育機関の「補習教育」の最高責任の地位にある者に,回答を依頼している[3].

全米教育統計センターの調査によれば,コミュニティ・カレッジが,他の4年制大学・カレッジ(公立・私立)に比べ,「補習教育」科目の提供率が高くなっている.また,マイノリティ学生の占有率と「補習教育」科目提供率との間には,相関関係があるという.実際,コミュニティ・カレッジは他の高等教育機関に比べ,マイノリティ学生の割合は高い[4].

1.全米教育統計センターによる調査結果

(1)「補習教育」科目の提供状況

まずは新入生の「補習教育」登録状況である.高等教育機関の78%が,何らか1つの「補習教育」科目を提供している.ほぼすべてのコミュニティ・カレッジが,何らか1つの「補習教育」科目を提供している(公立4年制大学は81%,私立2年制大学と4年制大学はそれぞれ63%).「リーディング」は高等教育機関全体の57%,「ライティング」は71%,「数学」は72%である.ほぼ100%のコミュニティ・カレッジ(公立4年制大学は

教育機関の種類	新入生を受け入れた高等教育	「補習教育」科目提供率(%)			
		リーディング ライティング 数 学	リーディング	ライティング	数 学
全教育機関数	3,060	78	57	71	72
型					
公立2年制短期大学(コミュニティ・カレッジ)	950	100	99	99	99
私立2年制短期大学(ジュニア・カレッジ)	350	63	29	61	62
公立4年制大学	550	81	52	71	78
私立4年制大学	1,200	63	34	52	51
マイノリティ学生登録数					
高い教育機関	340	94	87	85	93
低い教育機関	2,720	76	53	70	70

(出典) National Center for Education Statistics, Statistical Anolysis Report October 1996. Remedial Education at Higher Education Institutions in Fall, 1995 より作成 (p.6)

81％，私立2年制大学は29％，私立4年制大学は52％）が，「リーディング」を提供している．「ライティング」も約100％（公立4年制大学は71％，私立2年制大学は61％，私立4年制大学は52％），「数学」も約100％（公立4年制大学は78％，私立2年制大学は62％，私立4年制大学は51％）という結果になっている[5]．

(2) 科目数

1つの科目領域の科目提供平均数である．「リーディング」の実施平均科目数は2.1科目,「ライティング」は2.0科目,「数学」は2.5科目である．他の科目に比べ,「数学」の割合が多くなっている（マイノリティが少ない高等教育機関も同様）．コミュニティ・カレッジは，他の高等教育機関に比べ，1つの科目領域の科目数が多くなっているのが特徴である[6]．

教育機関の種類	リーディング	ライティング	数学
全教育機関数	2.1	2.0	2.5
型			
公立2年制短期大学(コミュニティ・カレッジ)	2.7	2.7	3.6
私立2年制短期大学(ジュニア・カレッジ)	＊	1.2	1.3
公立4年制大学	1.6	1.5	2.0
私立4年制大学	1.5	1.4	1.5
マイノリティ学生登録数			
高い教育機関	2.2	2.4	2.4
低い教育機関	2.1	1.9	2.5

＊信頼あるデータ　不取得
（出典）National Center for Education Statistics, Statistical Anolysis Report October 1996. Remedial Education at Higher Education Institutions in Fall, 1995 より作成 (p.9)

(3) 新入生の登録状況

高等教育機関に入学した新入生全体のなかで，29％が何らかの「補習教育」科目を登録している．コミュニティ・カレッジは41％，私立2年制短期大学と公立4年制大学は新入生全体の約4分の1，私立の4年制大学・

カレッジは 13％ となっている．また，マイノリティの割合が高い教育機関ほど，「補習教育」の実施率が高くなっている．次に新入生の科目別登録率であるが，「数学」が全体の 24％，「ライティング」が 17％，「リーディング」が 13％である．マイノリティの割合が高いコミュニティ・カレッジの新入生の登録率が高くなっている[7]．

教育機関の種類	新入生数 (first-time) (千・単位)	「補習教育」科目登録率（％）			
		リーディング ライティング 数　学	リーディング	ライティング	数　学
全教育機関数	2,128	29	13	17	24
型					
公立 2 年制短期大学（コミュニティ・カレッジ）	943	41	20	25	34
私立 2 年制短期大学（ジュニア・カレッジ）	56	26	11	18	23
公立 4 年制大学	726	22	8	12	18
私立 4 年制大学	403	13	7	8	9
マイノリティ学生登録数					
高い教育機関	338	43	25	29	35
低い教育機関	1,790	26	11	15	21

（出典）　National Center for Education Statistics, Statistical Anolysis Report October 1996. Remedial Education at Higher Education Institutions in Fall, 1995 より作成 (p.10)

(4) 平均修学年数

「1 年未満」「1 年」「1 年以上」を基準に整理している．高等教育機関全体の 3 分の 2 が平均「1 年未満」と回答．28％ が「1 年」「1 年以上」が 5％ という結果となっている．「1 年未満」に限定すると，コミュニティ・カレッジは 46％，公立 4 年制大学は 69％，私立 4 年制大学は 84％，私立 2 年制大学は 95％ で，他に比べてコミュニティ・カレッジの修学年数が長くなっている[8]．

教育機関の種類	1年未満(%)	1年(%)	1年以上(%)
全教育機関数	67	28	5
型			
公立2年制短期大学(コミュニティ・カレッジ)	46	44	10
私立2年制短期大学(ジュニア・カレッジ)	95	5	0
公立4年制大学	69	27	3
私立4年制大学	84	14	2
マイノリティ学生登録数			
高い教育機関	53	34	13
低い教育機関	69	27	4

(出典) National Center for Education Statistics, Statistical Anolysis Report October 1996. Remedial Education at Higher Education Institutions in Fall, 1995 より作成 (p.12)

(5)「補習教育」の成功(修了)率

「補習教育」に登録している約4分の3が修了するという．しかし，コミュニティ・カレッジは他の教育機関に比べてその成功率は低い[9]．

教育機関の種類	リーディング(%)	ライティング(%)	数学(%)
全教育機関数	77	79	74
型			
公立2年制短期大学(コミュニティ・カレッジ)	72	71	65
私立2年制短期大学(ジュニア・カレッジ)	＊	81	80
公立4年制大学	82	81	71
私立4年制大学	84	88	84
マイノリティ学生登録数			
高い教育機関	70	71	69
低い教育機関	78	80	74

＊信頼あるデータ 不取得

(出典) National Center for Education Statistics, Statistical Anolysis Report October 1996. Remedial Education at Higher Education Institutions in Fall, 1995 より作成 (p.13)

(6) 新入生の定着率

「補習教育」科目を提供する高等教育機関における新入生の定着率である.「すべての新入生(何らかの「補習教育」科目を登録している新入生も含む)」の定着率と,そのなかから,何らかの「『補習教育』科目に登録している新入生」の定着率を抽出し,比較している.「すべての新入生」で,低い定着率(1～49％の定着率)と回答した高等教育機関が15％,一方「『補習教育』科目に登録している新入生」は,24％である[10].

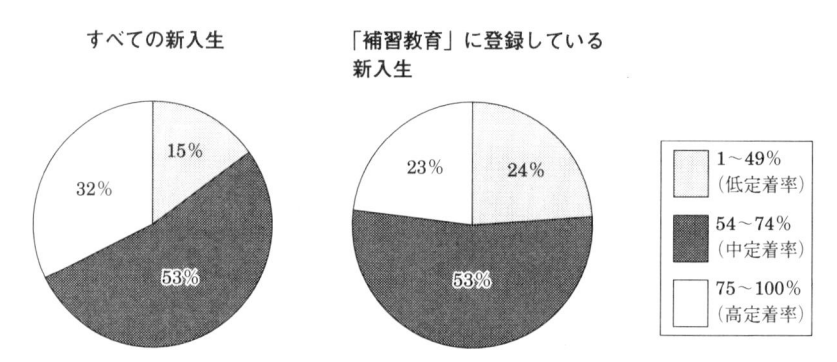

すべての新入生　　　　「補習教育」に登録している
　　　　　　　　　　　新入生

15％　　　　　　　　　23％　　24％
32％
　53％　　　　　　　　　　53％

1～49％（低定着率）
54～74％（中定着率）
75～100％（高定着率）

(出典) National Center for Education Statistics, Statistical Anolysis Report October 1996. Remedial Education at Higher Education Institutions in Fall, 1995 より作成 (p.14)

(7) 「補習教育」科目に単位を認めているか否か

①学位(準学士)の単位として認めている,②各教育機関の終了単位[11]として認めている,③単位として認めていない,などの3タイプを軸にアンケートを実施している.「数学」に限定していえば,すべての教育機関のなかで,71％が大学・短期大学の単位として認めている.また,11％が選択の学位につながる単位として,5％が科目の学位の単位として認めている.単位として認めていないのは13％となっている.コミュニティ・カレッジの場合,81％が各カレッジ内の単位として認めている[12].他の科目分野も同じ傾向を示している.

教育機関の種類	リーディング (%)				ライティング (%)				数学 (%)			
	単位認定	単位選択	認定教育機関単位	非単位	単位認定	単位選択	認定教育機関単位	非単位	単位認定	単位選択	認定教育機関単位	非単位
全教育機関数	3	15	72	10	4	17	68	11	5	11	71	13
型												
公立2年制短期大学 (コミュニティ・カレッジ)	1	8	82	9	2	8	81	9	2	7	81	11
私立2年制短期大学 (ジュニア・カレッジ)	*	*	*	*	11	4	66	19	11	4	66	19
公立4年制大学	2	15	74	9	6	11	71	12	4	9	74	13
私立4年制大学	3	34	52	11	5	39	45	10	10	22	55	13
マイノリティ学生登録数												
高い教育機関	4	4	72	21	4	4	70	22	4	3	71	22
低い教育機関	3	17	72	8	4	19	67	9	6	12	71	11

＊信頼あるデータ 不取得
(出典) National Center for Education Statistics, Statistical Anolysis Report October 1996.
Remedial Education at Higher Education Institutions in Fall, 1995 より作成 (p.18)

(8)「必修科目」か「推奨」か

4分の3の教育機関が「補習教育」科目を必修としているが, 公立4年制大学の方が, コミュニティ・カレッジよりも履修義務が厳しい[13].

教育機関の種類	リーディング(%)		ライティング(%)		数学(%)	
	必修	推奨	必修	推奨	必修	推奨
全教育機関数	71	29	79	21	75	25
型						
公立2年制短期大学(コミュニティ・カレッジ)	62	38	70	30	68	32
私立2年制短期大学(ジュニア・カレッジ)	*	*	84	16	82	18
公立4年制大学	74	26	86	14	82	18
私立4年制大学	85	15	86	14	80	20
マイノリティ学生登録数						
高い教育機関	76	24	79	21	78	22
低い教育機関	70	30	79	21	75	25

＊信頼あるデータ 不取得
(出典) National Center for Education Statistics, Statistical Anolysis Report October 1996.
Remedial Education at Higher Education Institutions in Fall, 1995 より作成 (p.19)

(9) 登録(履修)形態

「補習教育」科目と「カレッジ」科目との関わりであるが，①「補習教育」科目と「カレッジ」科目との同時登録(履修)を認める，②「補習教育」科目と「カレッジ」科目との同時登録(履修)を認めない，③「補習教育」科目を登録している学生はいくつかの「カレッジ」科目を同時登録できるが，仮に「カレッジ」科目を修了していても，登録している「補習教育」科目を履修するまで単位を認定しない，などとその登録(履修)形態は教育機関によって様々である[14]．

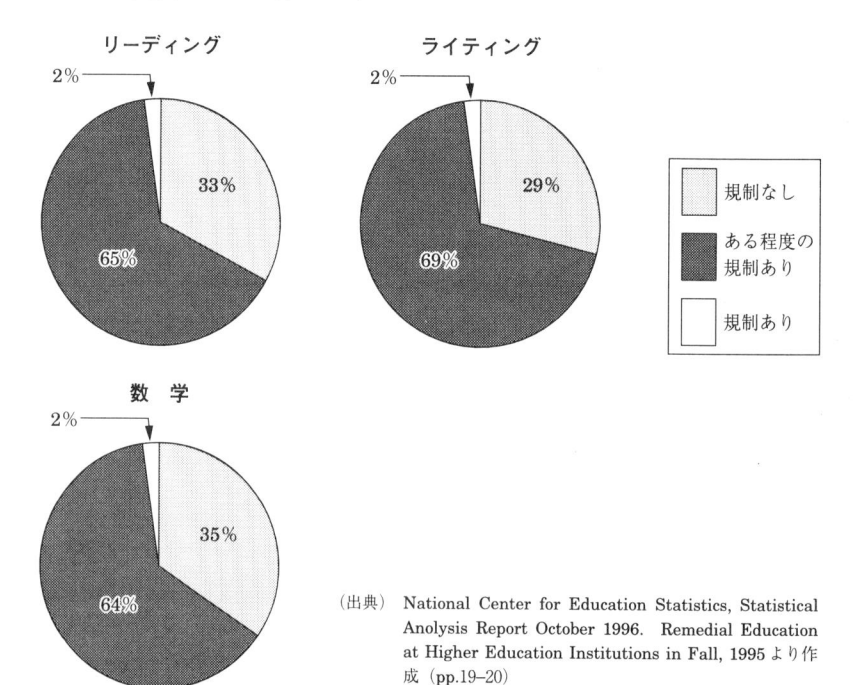

リーディング
2% — 33% / 65%

ライティング
2% — 29% / 69%

凡例：規制なし／ある程度の規制あり／規制あり

数 学
2% — 35% / 64%

(出典) National Center for Education Statistics, Statistical Anolysis Report October 1996. Remedial Education at Higher Education Institutions in Fall, 1995 より作成 (pp.19-20)

(10) 選抜方法

選抜方法は，①すべての学生に入学時にプレイスメント・テスト（placement test）[15]を実施する，②学力を判定する様々な資料（SAT／ACT，ハイスクールのGPA）により，学力的に低いと判断された者にのみプレイスメント・テストを実施する，③様々な判定資料により判定する（placement testは実施しない），④その他のアプローチ方法を用いる，などである．ほとんどの教育機関は，入学時のプレイスメント・テストの結果をもって判断すると回答している[16]．

教育機関の種類	リーディング（％） ①	②	③	④	ライティング（％） ①	②	③	④	数　学（％） ①	②	③	④
全教育機関数	58	23	10	9	60	25	9	7	63	22	8	7
型 公立2年制短期大学（コミュニティ・カレッジ）	69	20	3	8	69	22	2	7	70	21	1	8
私立2年制短期大学（ジュニア・カレッジ）	＊	＊	＊	＊	74	20	0	6	79	16	0	5
公立4年制大学	37	34	17	12	48	27	18	7	52	28	14	6
私立4年制大学	46	24	21	10	47	28	17	7	56	22	16	7
マイノリティ学生登録数 高い教育機関	67	26	2	4	68	25	2	4	68	26	4	2
低い教育機関	56	23	12	10	58	24	10	7	62	22	8	8

＊信頼あるデータ　不取得
（出典）National Center for Education Statistics, Statistical Anolysis Report October 1996. Remedial Education at Higher Education Institutions in Fall, 1995 より作成（p.22）

(11) 実施時間帯

ほとんどすべての教育機関が昼間に実施している．コミュニティ・カレッジは公立・私立の4年制大学よりも頻繁に「夜間・週末」に実施し，私立2年制大学あるいは私立4年制大学より夏期講習を多く利用している．また4％がテレビなどを利用した「遠隔地学習」（distance learning）を行っている[17]．

教育機関の種類	昼間(%)	夜間(%)	週末(%)	夏季(%)	その他(%)
全教育機関数	99	63	18	65	4
型					
公立2年制短期大学(コミュニティ・カレッジ)	100	88	31	86	4
私立2年制短期大学(ジュニア・カレッジ)	96	70	9	47	5
公立4年制大学	97	61	7	77	7
私立4年制大学	99	30	10	38	2
マイノリティ学生登録数					
高い教育機関	99	69	32	65	7
低い教育機関	99	62	16	66	3

＊信頼あるデータ 不取得
(出典) National Center for Education Statistics, Statistical Anolysis Report October 1996. Remedial Education at Higher Education Institutions in Fall, 1995 より作成 (p.26)

2．問題点と課題 ―カレッジ前レベルの「補習教育」―

「補習教育」には，様々な課題が山積している[18]．ここでは，「補習教育」の問題点と課題について，「補習教育ジャーナル」誌〈Journal of Developmental (& Remedial) Education〉[19] に投稿された，全米の「補習教育」研究者・教育実践者らによる研究実践成果・論文や，筆者が実施したアンケート調査（1998～1999）に加えて，主としてコミュニティ・カレッジの「補習教育」担当教員へ筆者が行ったインタビュー（1997～1999）などの結果を拠り所として，カレッジ前の「補習教育」の問題点と課題を明らかにしたい．

まずは，「補習教育ジャーナル」誌に提示された問題点を整理し，次に，筆者が実施したアンケートの調査結果を紹介する．「補習教育ジャーナル」誌と筆者によるアンケート調査結果を分析した結果，問題点を「教員」側，「学生」側，「財源」に分類できることが明らかになった．

(1)「補習教育ジャーナル」誌から抽出した問題点
　A.「教員」側の問題点
　　(a) 教員研修
　「補習教育」の慢性的な問題として,「補習教育」を専門とする教員不足を挙げる関係者が多い[20]. 理由のひとつに,専門の教員育成を施す機関・プログラムが欠如していたということがある.「カレッジ」科目（主として英語・数学・科学など）を担当する教員の大半が,「補習教育」科目を掛けもちをしているのが現実なのである. つまり,「カレッジ」科目担当の教員達の多くは「伝統的アカデミック」の教授（研究）背景をもつが,「非伝統的学生」への教授経験が乏しいことに問題があるというのである[21].
　一方,「補習教育」担当教員の大半が,カレッジで教えるための訓練をしていない点を指摘する.「補習教育」担当教員が,教員研修（faculty development）に参加することの必要性が叫ばれるゆえんである[22]. O'banion, T. によれば,優れた「補習教育」担当教員とは,「診断・評価の技術を特別に訓練しており,リーディング,ライティングそして数学を教えるための方法やテクニックをもっている者」という. これは,教員の「自己研鑽」の必要性を示唆するものである[23]. さらに Fleming, J. は,マイノリティ学生を取り巻く学習環境に言及し,彼らに対処する教授法をもつ教員育成の必然性を訴える[24].
　多様な学生人口に対処することのできる教員の育成が今日的課題というのである[25]. 近年では,「補習教育」を専門とする教員育成のための大学院プログラム（修士課程まで）が,大学において実施されてきている. 特に,全米補習教育センター長の Boylan, H.R. は,「補習教育」の専門教員育成のためのプログラムを開発し,「補習教育」の教員育成に努めている[26].

　　(b) 精神的・物質的負担
　後でも触れるが,「補習教育」は慢性的財政難にさいなまれている. 実

際,「補習教育」はパート・タイムの教員に依存している．限られた予算のなかで，解決しなければならない問題は主として人的要因なのである[27]．このことは,「補習教育」担当教員に尋常ではない負担を強いることになった．Miles, C. によれば，教員は不十分な時間しか与えられていないにもかかわらず，多大な責任を負わされているという．学習技能の向上を必要とする膨大な数の学生に対して，制限されたスタッフでの対処を迫られるという現状[28]や，パート・タイム教員に専任教員と同様の仕事内容を期待する体質に問題があるというのである[29]．加えて，主として「カレッジ」科目担当教員から「不満」「いやがらせ」などの精神的プレッシャーをかけられ，その結果「孤立感」「自己懐疑」に陥る「補習教育」担当教員が多いことを指摘する[30]．

先にも触れたが，精神的負担の背景には,「補習教育」科目とその担当教員に対するコミュニティ・カレッジ内外での評価の低さという問題がある．Daniel, D.E. によれば，学生はもちろんのこと教員も劣等感にさいなまれ，カレッジの隅に追いやられた気分を味わわされているという[31]．Rippey, D.T. にいたっては,「補習教育」担当の教員は,「カレッジ」科目を担当する教員からカレッジの教員として認められていない現実を嘆く[32]．これは，現在まで連綿と続く解決されるべき課題でもある[33]．

B.「学生」側の問題点
　(a) 学生の特質　—ネガティブな自己イメージ—
一般的に「補習教育」に登録する学生は，修学について否定的なイメージをもっている．Cross, K.P. は,「オープン・ドア」(open door) で入学してきた「新しい学生」の特徴として,「学業的に低い達成者」(low-achiever) という点を挙げる．つまり，彼らは，過去の修学経験についてネガティブなイメージをもっており，特に学業においては，自らの能力に対する自信が欠如しているというのである[34]．

学生の特徴は，①平均年齢30歳（16歳から60歳の間），②女性の学生の多さ（学生の半数以上），③文化的背景の多様さ，④学力的格差，⑤多様な修学目的，などである．つまり，基本的な学習技能を習得する必要性に迫られて参加する者から，新しい人生へ向けてのステップ・アップの理由から資格取得を目的とする者など，学生のもつ学習経験やその他の環境によって動機は一定ではないのである[35]．しかし，「補習教育」担当教員の間では，概して「動機の欠如」に学生の特徴があることで一致している[36]．Cramer, C. などは，「動機と自己尊重の低さ」「粗悪な文法」「考え方の浅さ」「柔軟性の欠如」などを学生の特徴と捉えている[37]．McKoski, M. とVukovich, D. らにいたっては，学生の特質を「優柔不断な性格者」「保守的思考者」「深刻な自己懐疑をもつ低い学業達成者」「自信の欠如を伴う者」「精神的に不健康な者」「修学動機の低い者」とし，彼らは，学業不達成（academic failure）という深いトラウマをもっているという[38]．Hardin, C.J. は学生の特徴を，「カレッジ・レベル学力不到達者」「成人学習者」「外国人学生」「教師から無視されてきた者」「身的・知的障害者」などに分類した[39]．また，Smith, J.O. と Price, R.A. らは，「数千もの高い動機づけをもつハイスクール卒業者」「ハイスクール中退者」「成人学習者」「最近の移民者」「適切な学習技能が欠如している者」などとした[40]．

(b) 学生の定着

「補習教育」が学習技能向上を目的とする内容を準備しているにもかかわらず，その目的を達成できない学生が存在することに問題があると Smith, J.O. らは指摘する[41]．これは，コミュニティ・カレッジの学生全体の定着率の低さに端を発する批判である[42]．Cross, K.P. も「非選抜入学（登録）制」をとるコミュニティ・カレッジは，常に「全学生の定着」というプレッシャーをカレッジ内外から受けていることに触れる[43]．

Noel, L., Kevitz, R. らの調査によれば，1年次から2年次にかけての学

生のドロップ・アウト率は，コミュニティ・カレッジが最も高く 45%，次いで私立 2 年制短期大学と公立の 4 年制大学・カレッジの 30%，私立の 4 年制大学・カレッジが最も低く，26% となっている[44]．

(c) 財源不足 —予算配分—

「補習教育」は，慢性的財源不足にさいなまれている．ひとつの理由として，Gardner, J.N. の指摘にもあるように，「補習教育」のような学習支援プログラム[45]が，常に低い地位に置かれてきたことにある[46]．これは，カレッジ・プログラムに比べ，財源配分においても重視されていないことを意味する．ということもあり，「補習教育」担当者は，常に「補習教育」運営のための財源確保を策する必要があった[47]．Ross, M. の指摘にもあるように，財源確保こそが「補習教育」成功への道なのである[48]．

この流れは，他方においてアメリカ経済の影響もあった．1980 年代の Reagan, D. 大統領時代の政策により，連邦政府による教育費削減が生じた結果，高等教育機関はその運営に大きな痛手を受けることになった[49]．特に，「補習教育」のようなサービスプログラムに与えた影響は深刻であった．実際，1980 年代は，「補習教育」のスタッフ，施設・設備（テープレコーダー等）や教材費の削減など，様々な経費削減をコミュニティ・カレッジに迫ることになった[50]．

(2) アンケート調査から抽出した問題点

ここで，筆者が実施したアンケート結果（1999）を整理しておこう．

筆者は，1998 年 11 月から 1999 年 2 月の期間に，全米 50 州のコミュニティ・カレッジを，コミュニティ・カレッジの設置地域別，つまりは「地方系カレッジ」（rural），「都会系カレッジ」（urban），「郊外系カレッジ」（subarban），「小都市系カレッジ」（small-town）[51] などの分類に意識しつつ，無作為にコミュニティ・カレッジを抽出（180 校）し，カレッジ前レ

ベルの「補習教育」担当者へアンケート調査を実施した．そのなかで，63校から回答を得た．アンケート調査の質問項目のひとつに，「補習教育」（カレッジ前レベル）の課題を問う質問を設けた．回答を整理したところ，「補習教育ジャーナル」誌での分析同様，主として「教員」側，「学生」側，「予算配分」問題などに分類できることが明らかになった．

まずは，分類した項目の割合である．

問題点	カレッジ数 (63)	%
(1) 教員側の問題	18	28.6
(2) 学生側の問題	22	34.9
(3) 予算配分の問題	30	47.6
(4) その他	5	0.8
(5) 特に問題なし	1	0.2

（回答カレッジ数は延数，%は小数点第2位切り上げ）

次に，(1)〜(3) の細項目についてみてみよう．

(1) 教員側の問題点	カレッジ数 (18)	%
①教員の姿勢・意識	5	27.8
②教授法・教材開発	6	33.3
③その他	7	38.9

（回答カレッジ数は延数，%は小数点第2位より切り上げ）

(2) 学生側の問題点	カレッジ数 (22)	%
①学習習慣の欠如	11	50.0
②低学力	5	22.7
③生活環境	3	13.6
④その他	3	13.6

（回答カレッジ数は延数，%は小数点第2位より切り上げ）

(3) 予算の問題	カレッジ数 (30)	%
①管理職・財務担当者の意識	4	13.3
②評価基準の構築	7	23.3
③州財源の制限	4	13.3
④フル・タイム教員不足	8	26.7
⑤施設設備	4	13.3
⑥その他	3	10.0

(回答カレッジ数は延数, %は小数点第2位より切り上げ)

ここで, 具体的にみていこう.

A.「教員」側の問題点

「補習教育」担当教員の問題は, ①「補習教育」を担当する上での積極性の欠如. ②「教授法開発」や「プログラム改善」など,「補習教育」科目の指導法開発に対する関心の低さ, に大別できる. ①は主として「カレッジ」科目担当教員に対する, ②は「補習教育」科目担当教員に対する批判である.

まず①である. 第4章で詳述するが, コミュニティ・カレッジの約半数は,「カレッジ」科目領域に「補習教育」科目を組み込むカリキュラムをもつ. そのような実施形態をとるコミュニティ・カレッジは, 基本的に教員が「カレッジ」科目と「補習教育」科目の両分野を担当することが一般的である. 第2章で述べたが,「カレッジ」科目を専門とする教員達は, 概して「補習教育」科目を担当することに積極的ではない. 具体的には,「補習教育」を重視するカレッジの方針に対する「カレッジ科目」担当教員の非協力的な態度[52]や, 一部の「カレッジ」科目担当教員がもつ「補習教育」に対する認識の欠如[53], という2点を批判しているコミュニティ・カレッジが大半を占めた.

次に②であるが, 多様な学習習慣をもつ学生のための「教授法開発」に対する熱意の欠如や「教材開発」の立ち遅れ[54], などを指摘するものが大半であった. 他には, 学生が危機的状況 (学習態度の欠如) に陥る根因に,

第 3 章 「補習教育」の実状　91

学生に対する教員の配慮不足や「補習教育」プログラムの開発（改善）の停滞[55]，「補習教育」を専門としない教員の教授法上の問題，などを挙げるコミュニティ・カレッジもあった[56]．

　その他の問題点として，学生の学習スケジュールに対応でき得る柔軟性が，「補習教育」のカリキュラムには乏しいこと[57]を挙げているコミュニティ・カレッジがあった．加えて，学生が「補習教育」レベルから「カレッジ」レベルへ移動するときに生じるシステム上の障害を指摘するコミュニティ・カレッジもあった．その背景には，「カレッジ」科目担当教員と「補習教育」科目担当教員との調整（連続性）の困難さがあるという．つまり，「補習教育」科目と「カレッジ」科目との優れた連結が不可欠というのである[58]．これらは，「補習教育」の「教授形態・系統的教授法」も含めたカリキュラム開発について，コミュニティ・カレッジの管理職達が必ずしも積極的ではないことを指摘するものである[59]．

　B．「学生」側の問題点
　まず，①の「学習習慣の欠如」についてである．これは，ハイスクール卒業直後，あるいは数年経過後コミュニティ・カレッジに入学（登録）する学生のなかで，過去において学習習慣を身に付けてこなかった「カレッジ学齢者」（18 歳～24 歳）[60]，加えて，ハイスクール卒業後相当年数経ているがために，勉学の習慣を失ってしまった「成人復学生」（25 歳以上）[61]に分類できる．両者とも学生の「自己学習力の欠如」や「学習態度・姿勢」つまりはモチベーションの欠如が指摘される．具体的には，「出席率の低さ」「消極的な授業参加」「ドロップ・アウト率の高さ（定着率の低さ）」「学習目的の欠如」，などであった．

　②の「低学力」の問題（これは①と連動する）であるが，学位取得（準学士）・転学を希望する者のなかに，初等教育レベルの学力しかもち合わせていない学生が少なくないという現実がある[62]．③は，特に「成人学生」

を取り巻く「生活環境」の問題である．彼らの大半が，家庭をもつフル・タイムの勤労者ということもあり，「補習教育」科目を受講する時間がとれないというのである[63]．また，女性（成人学生）のために育児施設を設置することの必要性を指摘するコミュニティ・カレッジもあった[64]．④の「その他」には，学生自身の学力についての認識不足を問題点として挙げるコミュニティ・カレッジがあった[65]．

C．予算配分 ―財源の獲得―

「補習教育」に対する不均等な予算配分は，コミュニティ・カレッジ管理職・財務担当者の「補習教育」についての捉え方を反映している．①は，コミュニティ・カレッジ側（理事・管理職）に「補習教育」の必要性を認めさせることが，財政的安定につながるという指摘である[66]．実際，「補習教育」に対する管理職・理事者達の注目度は高くはない[67]．また，カレッジ側に「補習教育」の重要性を知らしめることの方策のひとつに，「補習教育」の教育効果を測る「②評価基準を構築すべき」[68]という意見があった．加えて，コミュニティ・カレッジ内の予算配分の不均等は，「③州政府の『補習教育』に対する認識の浅さ」に起因するという意見もあった．つまり，州政府の「補習教育」についての姿勢（軽視）が，州からの財政援助の欠如につながっているというのである[69]．

以上のような予算獲得の困難さは，「補習教育」の実践に様々な問題を突きつけている．まずは，④「補習教育」担当教員の問題である．フル・タイム教員の雇用困難からパート・タイムに頼らざるを得ない現状を嘆くコミュニティ・カレッジが大半であった[70]．これは，「補習教育」の継続的教授が実現しないのはフル・タイムの教員を雇用しないためであり，フル・タイムの教員が増えれば「補習教育」は効果的になるという指摘である[71]．⑤の「施設設備」は，コンピュータ，ビデオ，テレビなどの「教育機器不足」を問題とするものである[72]．⑥その他には，「チューター不足」[73]，「マ

ス授業」[74],「補習教育レベルの維持」[75] などがあった.

D. その他

これまでの分類に含まれないもののなかで,比較的多く指摘されている問題は「補習教育」の義務化実現を望むものであった[76].「カレッジ学齢」学生の場合であるが,「補習教育」に登録することにより,修学期間が延長されることから生ずる財政的・時間的負担に苛立つ保護者の例を挙げるコミュニティ・カレッジがあった[77]. なお,「補習教育」を実施する上において問題はみられないと回答したのはキャロル・コミュニティ・カレッジ (Carroll Community College:メリーランド州, 小都市系カレッジ) のみであった.

以上,「補習教育ジャーナル」誌と筆者が実施したアンケートの調査結果からカレッジ前レベルの「補習教育」の問題点を整理した. アンケート調査についていえば, 回答者(学長・副学長などの管理職と「補習教育」科目担当者など)の様々な立場により,見解に温度差はあろうが, カレッジ前レベルの「補習教育」の問題点の傾向性は確認できたと思われる.

第2節 非カレッジ・レベルの「補習教育」

非カレッジ・レベルの「補習教育」についてのデータであるが, 全米レベルの資料は管見の及ぶ限りであるが, 見当たらない. ここでは, 特にワシントン州[78] の「コミュニティ・テクニカル・カレッジ州委員会」(State of Washington State Board for Community & Technical Colleges) の報告書 (Enrollment & Staffing Report) から, 非カレッジ・レベルの「補習教育」の傾向を探ってみたい.

ワシントン州は,「補習教育」を「カレッジ前レベル」(pre-college) とし,「基礎学習機能」(basic skills),「発達(上の)」(developmental) と2領域に大別している. 前者は, 本書でいうところの「非カレッジ・レベルの『補習教育』」で, そのプログラムは「成人基礎教育」「ESL識字」「GEDテスト準備」「ハイスクール卒業資格取得」, 後者は「カレッジ前レベルの『補習教育』」科目で,「リーディング」「ライティング」「数学」などである. また, 各科目の財源出所から, ①州の援助によって運営されるプログラム (state supported), ②企業や団体などの寄付金や補助金によって運営されるプログラム (contract supported) などに分類し整理している[79].

なお, ワシントン州の「コミュニティ・テクニカル・カレッジ州委員会」の報告書をもとに,「基礎学習技能」の登録傾向についての整理を試みるが, 同委員会が算出した登録学習者数は, FTE (full-time-equivalent)[80]を使用しているということもあり, 実際の学習者数は, 同委員会による算出数より数倍であることが推測される.

1. 基礎学習技能 (basic skills)

(1) 州財政援助によって運営されるプログラム

①の州の援助によって運営される「基礎学習技能」であるが, 1997年の秋学期には,「基礎学習技能」に学ぶ学習者総数は13,812名で学生(学習者)総数 (111,686名) のなかで約12%[81].「成人基礎教育」は, 第9学年以下の学力レベルと判断された者が学ぶ科目であるが, 登録者数は4,154名で基礎学習技能登録総数のなかの約30%. 次に「ESL(基礎学習技能領域)」[82]であるが, 過去5年間において45%の増加がみられる. これは, 近年のワシントン州へのヒスパニック系, あるいはアジア系移民の急増が要因であるという. 以下「ESL」の登録者数は6,408名で約46%,「GEDテ

スト準備」は1,124名で約8％，「ハイスクール卒業資格取得」は564名で約4％，その他は1,562名（約11％）となっている．「基礎学習技能」のなかでは，「成人基礎教育」と「ESL（基礎学習技能領域）」を登録する学習者が多く，合算すると「基礎学習技能」に登録する学習者総数のなかで77％を占めることになる．また，「基礎学習技能」に登録する学習者総数のなかで，約37％が転学や職業訓練（workforce training）のプログラムへ進むことを目的としている[83]．

州財政援助によって運営される「基礎学習技能」登録者数（人）（FTE）

	1993	1994	1995	1996	1997
成人基礎教育	3,945	3,965	4,046	4,361	4,154
ESL	4,406	4,800	6,257	5,882	6,408
GEDテスト準備	422	432	729	949	1,124
ハイスクール卒業資格取得	456	352	370	507	564
その他	638	882	1,149	1,064	1,562
計	9,867	10,431	12,551	12,763	13,812

（出典）　State of Washington, State Board for Community & Technical Colleges, Fall Enrollment& Staffing Report 1997より作成（p.31）

(2) 企業や団体などの寄付金や補助金により運営されるプログラム

次に，②の企業や団体などの寄付金や補助金によって運営されるプログラムである．「基礎学習技能」については，52％が州運営の矯正施設で行われている[84]．また，コミュニティ・テクニカル・カレッジは，企業や社会サービス施設として，「ESL」や「成人基礎教育」を実施している．1997年の秋学期の「基礎学習技能」登録総数は2,742名〈学生（学習者）登録総数は，20,263名〉で，その内訳は，「成人基礎教育が992名で基礎学習技能総数のなかで約36％，以下「GEDテスト準備」が376名で約14％，「ESL」が843名で約31％，「ハイスクール卒業資格取得」が125名で約5％，その他が405名（約15％）とそれぞれなっている[85]．

企業や団体などの寄付金や補助金により運営される「基礎学習技能」登録者数（人）(FTE)

	1993	1994	1995	1996	1997
成人基礎教育	548	758	898	1,123	992
ESL	304	269	206	509	376
GEDテスト準備	1,264	1,811	1,856	1,416	843
ハイスクール卒業資格取得	257	334	333	296	125
その他	286	223	295	372	405
計	2,660	3,396	3,587	3,716	2,742

（出典）State of Washington, State Board for Community & Technical Colleges, Fall Enrollment& Staffing Report 1997 より作成（p.38）

2．現在の問題点と今後の課題

ここでは，非カレッジ・レベルの「実状」に迫るために，筆者がワシントン州のコミュニティ・カレッジに対し，非カレッジ・レベルの「補習教育」のなかで，特に「ハイスクール卒業資格取得」プログラムについて実施したアンケート調査（1993）と，個別のコミュニティ・カレッジに行った質問の結果（1994）[86]をもとに整理したい．

(1)「ハイスクール卒業資格取得」プログラムの問題点

アンケートに対する回答の論調の大半は，同プログラムに対する財源削減を第一の問題としているものであった．具体的には，州はもちろんのこと，連邦政府からの財源カットによるプログラム等のサービスへの影響を訴えている[87]．他には，教育の問題，特には教員の問題を取り上げているところが多い[88]．例えば，教員すべてがパート・タイムであることの学習者に対する責任（accountability）[89]や，200名の学習者に対し1名のアドバイザーで賄わざるを得ないという現実，つまり，もう一方でのアカウンタビリティのあり方を提起しているのである[90]．また，あるコミュニティ・カレッジは，同プログラムの定員数の問題から，「資格を必要としている地

域住民（学習者）」に対し，十分な教育を提供できないというもどかしさを吐露した[91]．

他の問題点として，「学習者の定着」がある．学習者のドロップ・アウトを防ぎ，いかに定着させるかという問題を重要課題として挙げている[92]．あるコミュニティ・カレッジは，1990年の年間登録者数861名（511名が無職，その学習者すべてがフル・タイム）のうち115名[93]，あるカレッジは，227名中29名（115名が無職，その学習者すべてがフル・タイム）[94]，また，200名中20名[95]などと，それぞれドロップ・アウト数を回答した．平均して，年間18％～20％の学習者が同プログラムを離れていくというコミュニティ・カレッジもあった[96]．ドロップ・アウトに付随する問題として，「学習者の低学力」がある．つまり，基礎学力の向上が優先課題というのである[97]．他には，学習者の精神面における問題を指摘するコミュニティ・カレッジもあった．学習者の大半が，同プログラムを終了するために必要な「自信」「セルフ・イメージ」を欠如しているのが現実というのである[98]．

(2) 今後の課題

なかには，州人口の増加に伴い同プログラムの学習者数が増加するであろう，という楽観的な捉え方をする回答もあった．しかし，基本的には，財源の欠如が一番の問題とするコミュニティ・カレッジが大半であった．例えば，あるコミュニティ・カレッジは「基礎学習技能」のニーズ拡大に反する財源削減の問題を指摘し，同プログラムの将来的な発展は，財源の確保にかかっていると結論づけた[99]．また，あるコミュニティ・カレッジは，学習者数の確保は授業料次第であるとした[100]．他には，フル・タイム教員数の充実を指摘しているところもあった[101]．学習者「28～30人」に教員1名の比率を，10人に1人にすることにより，教員の負担を軽減し教育をより充実させることが可能とするものや[102]，アドバイザーの充実を訴え

るコミュニティ・カレッジなどがあった[103].

　加えて，地域とのより一層の連携の必要性を指摘するコミュニティ・カレッジもあった[104]．関連する指摘として，地域との開かれた対話により，潜在的に埋もれている学生の掘り起こしを提案するコミュニティ・カレッジ[105]，「ハイスクール卒業資格」を取得していない成人獲得のためにリクルート活動を積極的に行うべきである，と喝破するところもあった[106]．その他，「教育施設（機器）の充実」[107]「地域住民の識字要求に応えるサービス」[108]「一般カウンセリング・職業カウンセリングの提供」[109]，などを課題とするコミュニティ・カレッジがあった．

　以上，「補習教育」について，①カレッジ前レベルの「補習教育」，②非カレッジ・レベルの「補習教育」に分類し，連邦政府レベル・単州のデータ，筆者によるアンケート調査や個別カレッジへの質問などに依拠しつつそれぞれの実状に迫ってみた．限られたデータであり，かつ使用した資料間の整合性が欠如するため，精緻な比較検討はできるものではないが，両領域ともに，問題の根本には不十分な予算配分があり，「教員」側や「学生（学習者）」側に多大な影響を及ぼしていることが明らになった．

第3節　「補習教育」担当教員の取り組み

　実際，どのように「補習教育」が行われているのであろうか．本節では，筆者が実施したアンケート結果をもとに，「補習教育」の実践に迫ることにしたい．筆者は，設置地域区分（都会系，地方系，小都市系，郊外系）を意識し，無作為に48のコミュニティ・カレッジを抽出し，「補習教育」の教育実践についてのアンケートを行った（2000年5月）．そのなかで，12カレッジからの回答を得た（2000年8月）．質問内容は，(1)クラス編成

(2)授業形態 (3)担当教員の所属部局 (4)教材である.

なお,科目は,「リーディング」「ライティング」「数学」とした.また,質問 (2)〜(4) の習熟度別クラスであるが,3段階に設定した〈Aクラス:第12学年〜第10学年（日本でいう高等学校の学力レベル）／Bクラス:第9学年〜第7学年（日本でいう中学校の学力レベル）／Cクラス:第6学年以下（小学校の学力レベル以下）〉.最後に,教員研修 (Faculty Development) について若干の考察を試みた.

1. 授業形態と教授法

(1) クラス編成

回答を得たすべてのコミュニティ・カレッジ (12) が,習熟度別にクラス編成を行い,その際,プレイスメント・テストの結果をクラス分けの判断基準としているという回答であった.習熟度別クラスは,その学力レベルに応じて全科目（「リーディング」「ライティング」「数学」）を4段階に分けていると回答したカレッジは,サザン・ネバダ・コミュニティ・カレッジ (Community College of Southern Nevada: ネバダ州,郊外系).全科目3段階（Aクラス・Bクラス・Cクラス）に分けていると回答したカレッジはブルー・マウンテン・コミュニティ・カレッジ (Blue Mountain Community College: オレゴン州,地方系),マイルズ・コミュニティ・カレッジ (Miles Community College: モンタナ州,小都市系),モンゴメリー・カレッジ・ジャーマン校 (Motgomery College, German Campus: メリーランド州,郊外系),デルガド・コミュニティ・カレッジ (Delgado Community College: ルイジアナ州,都会系) であった.全科目2段階に分けているカレッジは,チャンドラー・ギルバート・コミュニティ・カレッジ (Chandler-Gilbert Community College: アリゾナ州,地方系),デラウエア・テクニカル・コミュニティ・カレッジ (Delaware Technical

Community College：デラウエア州，小都市系），イースタン・ワイオミング・カレッジ（Eastern Wyoming College：ワイオミング州，地方系），ヒルズボロウ・コミュニティ・カレッジ（Hillsborough Community College：フロリダ州，都会系）．その他，科目別に段階数が異なるのは，ロードアイランド・コミュニティ・カレッジ（Community College of Rhode Island：ロードアイランド州，郊外系）で，「ライティング」と「数学」が2段階，「リーディング」が1段階であった．セントラル・ピードモント・コミュニティ・カレッジ（Central Piedmont Community College：ノース・カロライナ州，都会系）にいたっては，「数学」は5段階，「英語」は4段階，「リーディング」と「生物」が2段階であった．

1クラスあたりの学生平均数は，10～30名であった．多いところでは，チャンドラー・ギルバートが25～30名，次いでセントラル・ピードモント，ヒルズボロウが25名程度，モンゴメリーが22名，ブルー・マウンテンとマイルズが20名，ロードアイランドは18名，デラウエアは15名，サザン・ネバダとイースタン・ワイオミングは10名，という回答であった．

(2) 授業形態

授業形態は，基本的にはコンピュータ・ソフトなどを使った独（自）習の形をとっているが，上級（A）クラスになるほど，講義の形をとっている傾向が強い．

まずはすべての段階・科目に講義形式をとっているカレッジは，セントラル・ピードモント（Aクラス・Bクラス・Cクラス），チャンドラー・ギルバート（Aクラス・Bクラス・Cクラス）．次に，すべての段階・科目にチュータ・独習・講義形式をとっているカレッジはデラウエア（Aクラス・Bクラス），イースタン・ワイオミング（Bクラス・Cクラス）．また，すべての段階・科目にコンピュータ・ソフトを補助教材とした独習形式をとっているのは，デルガド（Aクラス・Bクラス・Cクラス）であっ

た．その他，ヒルズボロウであるが，リーディング・ライティングはすべて講義形式（Aクラス・Bクラス），数学は講義にチュータと独習を加えていた．マイルズは，Aクラスの3科目は講義・チュータ・独習，Bクラス・Cクラスの3科目はチュータ・独習であった．ブルー・マウンテンは，Aクラスの3科目は講義，Bクラス・Cクラスの3科目については，チュータ・独習．ロードアイランドは，Aクラスのリーディング・ライティングは講義（数学はチュータ・独習），Bクラスの3科目についてはすべてチュータ・独習．モンゴメリーは，Aクラスの3科目はすべて講義形式，Bクラスの3科目については講義・チュータ・独習，Cクラスの3科目はチュータ・独習．サウス・テネシーは，リーディング・ライティングについてはAクラス・Bクラスともに独習，数学については，Aクラス・Bクラス・Cクラスのすべてが講義形式であった．

(3) 担当教員の所属部局

　第4章で詳述するが，コミュニティ・カレッジの「補習教育」科目の提供形態には，主として「分離学科」型と「学科統合」型がある．前者は，カレッジ・レベルとは独立したカリキュラムをもち，「補習教育」専門の教員を有する．一方，「学科統合」型は，カレッジ・カリキュラムのなかに「補習教育」が組み込まれている型で，「補習教育」科目は，「カレッジ」科目担当教員が兼任するのが一般的である．

　全段階・科目を「補習教育」専門の教員が担当していると回答したのは，ブルー・マウンテンである．しかし，すべての教員はパート・タイマーであるという．「カレッジ」担当教員がすべての「補習教育」を兼務しているのは，ロードアイランド，チャンドラー・ギルバート，イースタン・ワイオミング，デルガド，などであった．ロードアイランドは，「カレッジ」科目担当教員が「補習教育」の教授法を訓練しているという回答であった．その他のカレッジは，「カレッジ」科目担当教員と「補習教育」科目担当教

員が「補習教育」に携わっているという回答であった．

(4) 教　材

すべてのカレッジが，自主教材を使用しているとの回答であった．しかし基本的には，新聞・雑誌・エッセイ・スキルブック[110]などを教材としている．ロードアイランド，デルガド，マイルズなどは，コンピュータ・ソフトを補助教材として使用することを基本としている．「教材」を用いたコミュニティ・カレッジの教授実践をアンケートの回答からまとめると，①一般的にコミュニティ・カレッジはすべての習熟度別クラスに「マンツーマン」「グループ・チュータ」の教授・学習法を採り入れている，②学生は，自らのペースで学習を進められるような様々な教材，例えば，「コンピュータ補助ソフト」「ワークブック」「自主教材」「オーディオ・ビデオ」「カセット・テープ」などを通して学習レベルの向上に努めている，③教員は，彼らの学習をチュータし励ますというような補助的な役割に徹している，ということになる．

(5) 授業料

カレッジ前レベルの「補習教育」科目の授業料であるが，「カレッジ」科目と同額というカレッジが大半であった．具体的には，ヒルズボロウは1科目（5単位）$250.00（フロリダ州民＝納税者），ロードアイランドは1科目（5単位）$225.00（地域住民＝納税者），サザン・ネバダは1科目（3単位）$139.50（地域住民＝納税者），マイルズは1単位あたり$63.00（諸経費も含む：地域住民＝納税者），イースタン・ワイオミングは1単位あたり$47.00（ワイオミング州民＝納税者），チャンドラー・ギルバートは，1単位あたり$41.00（地域住民＝納税者），セントラル・ピードモントは，1単位あたり$27.00（地域住民／地域外住民＝非納税者は$169.00），という回答であった．1単位あたり$40.00〜$60.00程度であった．

2．教員研修 (Faculty Development)

(1) 教員研修プログラムの実施機関

現在, 大学院レベルのプログラムを提供し,「補習教育」分野の修士号の学位を提供する研修プログラムをもつ大学には, アパラチアン州立大学 (Appalachian State University : ノース・カロライナ州), グランブリング州立大学 (Grambling State University : ルイジアナ州), ナショナル・ルイズ大学 (National-Louis University : イリノイ州), サウスウエスト・テキサス州立大学 (Southwest Texas State University : テキサス州) などがある. アリゾナ大学 (University of Arizona : アリゾナ州) では, 大学院レベルの学位を付与するプログラムはもたないが,「補習教育」担当教員のための研修トレーニングのプログラムを提供している. また「全米補習教育協会」(National Association for Developmental Education : NADE) やカレッジ・リーディング・ラーニング協会 (College Reading and Learning Association : CRLA) なども, 教員養成 (研修) のための専門的プログラムをもち, 現役教員のレベルアップに貢献している[111].

(2) アパラチアン州立大学の実践 ―資格取得実用講座―

アパラチアン州立大学は, ケロッグ財団 (Kellogg Institute) の財政援助を受け, アメリカ高等機関のなかで最初に「補習教育」のトレーニング・プログラム (Training and Certification of Developmental Education) を開講した教育機関である. 同大学は, 大学内に「全米補習教育センター」(National Center for Developmental Education) をもち,「補習教育」実践ついての研究成果を積極的に発表している. 同センターは, NADE の公認ジャーナル誌『補習教育ジャーナル』(Journal of Developmental Education) の季刊と, リサーチを中心とした研究冊子『補習教育研究』(Research in Developmental Education) の刊行を行っている.

アパラチアン大学が実施する夏季集中「資格取得実用講座」(practicum) は,「高度な専門プログラム」で, 受講者の「補習教育」についての知識の拡大をその目的としている. また, 同プログラムは, 受講者が勤務する高等教育機関の「補習教育」「学習支援」プログラムの改善・向上を期待するものである. 期間は夏季集中 4 週間, 受講者は「補習教育」あるいはそれに関連分野の学位（学士号）を取得していることが参加資格となっている. 定員は 45 名（充足次第締め切る）. 資格取得のためには, 期間中に 3 セメスター時間分の単位を履修しなければならない. 大学院を目指す者は, さらなる単位取得（3 単位～ 6 単位）が課せられる. 同資格講座の受講料は, 州住民で＄1,874.00, 非州住民は＄2,402.00 となっている. 大学院費 (optional fees) は, 1 単位＄85.00, 非州住民は＄261.00 である. 同講座は, ①評価とプレイスメント (Assessment and Placement for Developmental Education) ②教授と学習 (Teaching and Learning) ③支援サービス (Support Services for Developmental Students) ④プログラムと結果の評価 (Program Evaluation & Outcome Assessment) などの 4 分野で構成されている. その内容は, ①学生の評価とプレイスメント用のテストの有効性, 教育機器の有効性と信頼性, 評価システムの実行性, コンピュータ適応テストの使用法, ②教授法の開発と研究, 教授法の理論的・哲学的アプローチ, 学習成果とクラス評価の認知的・無認知的要因, ③チュータ, アドバイジング, チュータ・トレーニング, 補助教具, （学生の）動機づけと定着についての研究, ④「補習教育」プログラムの評価についての一般モデル, 評価基準の選択, 評価報告の準備, プログラム評価についての関連研究の発見, などとなっている[112].

[註]
1) ワシントン州のコミュニティ・カレッジへのアンケート調査 (1993年9月), ヤキマ・バレィの成人課程部長の Eglin, L. 氏 (Yakima Valley College : 1994年10月), 全米補習教育センター長の Boylan, H.R. 氏 (1997年8月), ピアス・カレッジ (Pierce College) の「補習教育」部局長の Toohey, M.A. 氏, ワシントン州コミュニティ・テクニカル・カレッジ州委員会 (Washington State Board for Community & Technical Colleges) 成人教育部局長の Tate, M 氏へのインタビュー (ともに 1998年8月) など.
2) 調査を実施するにあたり連邦教育省は, 高等教育機関を4年制大学 (公立・私立), 2年制短期大学 (公立・私立) と4分類している. この場合, 公立2年制短期大学が, コミュニティ・カレッジである.
3) National Center for Education Statistics, *Remedial Education*, 3.
4) Bogart, Q.J. "The Community Collge Mission." In G.A. Baker III (ed.). *A Handbook on the Community College in America: Its History, Mission and Management*. Westport, Connecticut : Greenwood, 1994, pp.60-73.
5) National Center for Education Statistics, *Remedial Education*, 6.
6) National Center for Education Statistics, *Remedial Education*, 9.
7) National Center for Education Statistics, *Remedial Education*, 10.
8) National Center for Education Statistics, *Remedial Education*, 12.
9) National Center for Education Statistics, *Remedial Education*, 13.
10) National Center for Education Statistics, *Remedial Education*, 14.
11) 「奨学金」申請要件, 「寮」の入寮条件, 「フルタイム学生換算単位」としての単位 (National Center for Education Statistics, *Remedial Education*, 17).
12) National Center for Education Statistics, *Remedial Education*, 17.
13) National Center for Education Statistics, *Remedial Education*, 19.
14) National Center for Education Statistics, *Remedial Education*, 19-20.
15) 学生がコミュニティ・カレッジ入学 (科目登録) 時に受けるクラス分け学力テスト. 科目は, 「リーディング」「ライティング」「数学」など. テストの結果により「補習教育」科目の履修を強制 (奨励) される.
16) National Center for Education Statistics, *Remedial Education*, 21.
17) National Center for Education Statistics, *Remedial Education*, 26-27.

18) 「補習教育」についての問題点と課題について, 「補習教育ジャーナル」誌〈Journal of Developmental (& Remedial) Education〉に投稿された全米の「補習教育」研究者・教育実践者らによる研究実践成果・論文に加えて, 筆者が実施したアンケート調査の結果 (1997～1998) を分析した結果, 問題点を「教員」側, 「学生」側, 「財源」などに分類でき得ることが明らかになった. 特に「財源」不足の問題は深刻である.

19) 他にも「補習教育」を扱ったジャーナル誌として, 'Journal of College Reading and Learning,' 'Research and Teaching in Developmental Education' などがある. 'Journal of Developmental Education' はリサーチを基盤とした実践指向のジャーナル誌で毎年約5,000部を刊行し, 'Journal of College Reading and Learning' は実践指向で特に「リーディング」「数学」の教授法に力点を置いた内容, 'Research and Teaching in Developmental Education' は3誌のなかで最もリサーチ指向の内容となっている. それぞれの刊行部数は, 約1,000部である. 全米補習教育センター長の Boylan, H.R. 氏によれば, その影響力の大きさから 'Journal of Developmental Education' に執筆を希望する著者が多いという (筆者が行った Boylan, H.R. 氏への質問に対する氏の回答：1998年8月).

20) Atwell, C. と Smith, M.L. らは, 'developmental English' の教員の例を挙げ, 教員研修 (staff development / faculty development) が必要であると主張する 〈"Competence Needed by Teachers of Develomental English in Two-Year Colleges." *Journal of Developmental & Remedial Education*, 3(2), 1980, 9-11〉. ノース・カロライナ州知事 (当時) Hunt, J.B., Jr. は, 州の政策 (Task Force) を例に挙げ, 教員の訓練による教授法向上の必要性を力説した 〈"Educating for the Future : Interview with Governor James B. Hunt, Jr." *Journal of Developmental Education*, 8(1), 1984, 16-18, 31〉.

21) Bojar, K. "Beyond the Basics : The Humanities in the Developmental Curriculum." *Journal of Developmental & Remedial Education*, 6(2), 1983, 20.

22) Gardner, J.N. "Recession and the Role of Developmental Education: An Interview with John N. Gardner." *Journal of Developmental Education*, 17(1), 1993, 22-26, 41.

23) O'banion, T. "An Interview with Terry O'banion Executive Director of the League for Innovation in the Community College." *Journal of Developmental &*

Remedial Education, 3(2), 1980, 14-15.
24) Fleming, J. "Creating the Environment for Minority Student Success: An Interview with Jacqueline Fleming." *Journal of Developmental Education*, 16(2), 1992, 20-24.
25) Gardner, "Recession," 23.
26) アパラチアン州立大学 (Appalachian State University：ノース・カロライナ州) では, 「補習教育」の専門教員を育成するための夏季プログラムを実施している. 「短期訓練プログラム」から「大学院 (修士課程)」レベルのプログラムまである. 「補習教育」に携わっている現職の教員が参加している.
27) Brier, E. "Educating the Underprepared: Magic, Mystery or Miracle." *Journal of Developmental & Remedial Education*, 2(1), 1978, 7.
28) Miles, C. "The 4th 'R' Revised." *Journal of Developmental & Remedial Education*, 5(1), 1981, 4.
29) Reed, B. "Management Strategies to Assist Students in Improving Learning Skills." *Journal of Developmental*, 9(3), 1986, 2.
30) Richardson, R.C. Jr. "Literacy in the Open-Access College: A Interview with Dr. R.C. Richardson, Jr." *Journal of Developmental*, 10(1), 1986, 18.
31) Daniel, D.E. は, 予算の配当割合によって, その教育機関のコンセプトを知ることができるという ("Going to College from a Positive Standpoint." *Journal of Developmental & Remedial Education*, 1st issue, 1978, 4).
32) Rippey, D.T. "I Never Get No Respect." *Journal of Developmental & Remedial Education*, 4(1), 1980, 12-13.
33) Gardner, "Recession," 41.
34) Cross, K.P. *Beyond the Open Door.* San Francisco: Jossey-Bass, 1974, pp.1-12 〈*Journal of Developmental & Remedial Education*, 2(1), 1978, 16〉.
35) Griffin, T. "One Point Of View The Expanding Future of Developmental Education." *Journal of Developmental & Remedial Education*, 5(1), 1981, 26. Knowles, M., Chickering, A.W らは成人学生の特質について述べている〈"An Interview With Malcolm Knowles." *Journal of Developmental & Remedial Education*, 4(1), 1980, 2-4., "An Interview with Dr. Arthur W. Chickering." *Journal of Developmental & Remedial Education*, 5(2), 1982, 16-17, 32〉.

36) Roueche, J.E., and Mink, O.G. "Overcoming Learned Helplessness in Community College Students." *Journal of Developmental & Remedial Education*, 5(3), 1982, 3-5, 20.
37) Cramer, C. "Basic Grammar Through Cognitive Development." *Journal of Developmental Education*, 9(3), 1986, 22.
38) MacKoski, M., Vukovish, D. "New Directions." *Jounal of Developmental & Remedial Education*, 2(3), 1979, 26-27.
39) Hardin, C.J. "Access to Higher Education: Who Belongs?" *Journal of Developmental Edcaution*, 12(1), 1988, 2-6.
40) Smith, J.O., and Price, R.A. "Attribution Theory and Developmetnal Students as Passive Learners." *Journal of Developmental Education*, 19(3), 1996, 2-6.
41) Smith, and Price, 2-6.
42) コミュニティ・カレッジに限らず,4年制大学・カレッジ(特に「非選抜制入学(登録)制」をとる地域州立大学)も深刻である.「補習教育ジャーナル」は,「学生の定着」についての特集を行ったが,すべて4年制大学・カレッジの「補習教育」担当教員からの投稿であった〈National Center for Developmental Education. *Special Issue on Retention Programs: A Bridge to Success for At-Risk Students.* Journal of Developmental Education, 17(3), 1994〉.
43) Cross, K.P. "Determining Missions and Priorities for the Fifth Generation." In W.L. Deegan, and D. Yellery (eds.). *Renewing the American Commuity College : Priorities and Strategies for Effective Leadership.* San Francisco : Jossey-Bass, 1985, p.38.
44) また,Noel, L., Levitz, R., Saluri, D. らは,4年制大学・カレッジの入学要件からもドロップ・アウト率を算出し,「非選抜入学(登録)制」をとる大学・カレッジの定着率が公立37%(私立35%)などと,最も低いことを指摘している(*Increasing Student Retention : Effective Programs and Practices for Reducing the Dropouts Rate.* San Francisco : Jossey-Bass, 1991, p.5, p.7).
45) 新入生(college freshmen)のためのプログラムを指す.その内容は,「新入生セミナー」(freshmen seminar),「補習教育」,「修学指導プログラム」(advisement programs for undecided freshmen)などである(Gardner, "Recession," 22-26, 41).
46) Gardner, "Recession," 41.

47) Hessenflow, D.H. "$ for Alternative Programs." *Journal of Developmental & Remedial Education*, 2(3), 1979, 28.
48) Ross, M. "Government Support for Educational Programs." *Journal of Developmental & Remedial Education*, 3(3), 1980, 18.
49) 今村令子『教育は国家を救えるか ―質・均等・選択の自由―』東信堂, 1987, pp.216-221.
50) Gruenberg, D.E. "College Basic Skills: A National Study." *Journal of Developmental & Remedial Education*, 6(3), 1983, 31.
51) ピーターソンズはコミュニティ・カレッジの設置地域から,「都会系」(urban) とは主都市 (major citiy),「郊外系」(suburban) は主都市へ通勤距離にある居住地区 (住宅街),「小都市系」(small town) は小規模であるが人口が密な地域, しかし主都市までは通勤範囲の距離ではない,「地方系」(rural) は遠隔地でしかも人口密度の低い地域, などと定義づけている (Peterson's, 21)。
52) 例えば, ニューメキシコ州立カールズバッド校 (New Mexico State University at Carlsbad: ニューメキシコ州) や, イースタン・ワイオミング・カレッジ (Eastern Wyoimg College: ワイオミング州, 地方系), スノー・カレッジ (Snow College: ユタ州, 地方系), カユガ・コミュニティ・カレッジ (Cayuga Community College: ニューヨーク州, 小都市系), など。
53) ブルー・マウンテン・コミュニティ・カレッジ (Blue Mountain Community College: オレゴン州, 地方系)。
54) バーモント・コミュニティ・カレッジ (Community College of Vermont: バーモント州, 地方系), オースティン・コミュニティ・カレッジ (Austin Community College: テキサス州, 都会系), チェメケタ・コミュニティ・カレッジ (Chemeketa Community College: オレゴン州, 都会系), チッペワ・アレィ・コミュニティ・カレッジ (Chippewa Alley Community College: ウィスコンシン州, 都会系), など。
55) サザン・ネバダ・コミュニティ・カレッジ (Community College of Southern Nevada: ネバダ州, 郊外系)。
56) デンマーク・テクニカル・カレッジ (Denmark Technical College: サウス・カロライナ州, 地方系)。
57) バートン・カウンティ・コミュニティ・カレッジ (Barton County Community College: カンザス州)。

58) エルパソ・コミュニティ・カレッジ (El Paso Community College：テキサス州，都会系)，ミドゥット州立大学ボタノー校 (Midst State University, Bottoneau Campus：ノースダコタ州，地方系)，カユガ，チェメケタ，など．
59) ケント州立大学ゴーガ校 (Kent State University—Geauga Campus：オハイオ州，地方系)．
60) ファーガス・フォールズ・コミュニティ・カレッジ (Fergus Falls Community College：ミネソタ州，地方系)，バートン・カウンティ，イースト・セントラル・コミュニティ・カレッジ (East Central Community College：ミネソタ州，地方系)，オクラホマ州立大学オクラホマ市校 (Oklahoma State Univeristy, Oklahoma City：オクラホマ州，都会系)，サザン・ネバダ・コミュニティ・カレッジ (Community College of Southern Nevada：ネバダ州，郊外系)，ニューメキシコ州立大学カールズバッド校，ヒルズボロウ・コミュニティ・カレッジ (Hillsborough Community College：フロリダ州，都会系)，バークシャイア・コミュニティ・カレッジ (Berkshire Community College：マサチューセッツ州，郊外系)，コロラド・ノースウエスタン・コミュニティ・カレッジ・レインジリィ校 (Colorado Northwestern Community College—Rangely Campus：コロラド州，地方系)，など．
61) クワインバーグ・バレィ・コミュニティ・テクニカル・カレッジ (Quinebaug Valley Community—Technical College：コネチカット州，地方系)，エルパソなどは，成人学生の学力保障の重要性に言及している．
62) サウス・アイダホ・カレッジ (College of South Idaho：アイダホ州，小都市系)，ニューメキシコ州立大学カールズバッド校，サザン・ネバダ，カユガなどがこの点を指摘した．
63) この点を指摘するのは，カヤホガ・コミュニティ・カレッジ東部地区校 (Cuyahoga Community Collge, Eastern Campus：オハイオ州，郊外系)，エルパソなどである．なお，「カレッジ」科目と「補習教育」科目の同時登録（履修）を認めているコミュニティ・カレッジが大半である．本章（1節）を参照されたい．
64) オハイオ州立大学南部校 (Ohio University—Southern Campus：オハイオ州，小都市系) は，女性「成人学生」のために育児施設を設置することの必要性を訴えた（同校は附属の学習センターに設置している）．
65) ノース・アイダホ，サウス・アイダホ，コロラド・ノースウエスタン・レインジリィ校，など．

66) チッペワ・アレイ,アルピーナ・コミュニティ・カレッジ (Alpena Community College：ミシガン州,小都市系),など.
67) アーカンソー州立大学コミュニティ・カレッジ・ホープ校 (University of Arkansas Community College at Hope：アーカンソー州,地方系),ケント州立ゴーガ校,など.
68) 例えば,ハーカイ・コミュニティ・カレッジ (Hawkeye Community College：アイオワ州,地方系),ビスマルク州立カレッジ (Bismark State College：ノースダコタ州,郊外系),サウス・シアトル・コミュニティ・カレッジ (South Seattle Community College：ワシントン州,都会系),ロードアイランド・コミュニティ・カレッジ (Community College of Rhode Island：ロードアイランド州,郊外系),プレイリー州立カレッジ (Prairie State College：イリノイ州,郊外系),スノー,サザン・ネバダ,などがその必要性を指摘した.
69) 例えば,ウェナチー・バレイ・カレッジ (Wenatchee Valley College：ワシントン州,地方系),オーエンズボロ・コミュニティ・カレッジ (Owensboro Community College：ケンタッキー州,郊外系),ブルー・マウンテン,ケント州立ゴーガ校,などが指摘した.
70) フィラデルフィア・コミュニティ・カレッジ (Community College of Philadelphia：ペンシルベニア州,都会系),カンザス市立コミュニティ・カレッジ (Kansas City Community College：カンザス州,郊外系),デルガド・コミュニティ・カレッジ (Delgado Community College：ルイジアナ州,都会系),シンシナティ州立テクニカル・カレッジ (Cincinnati State Technical and Community College：オハイオ州,都会系),アーカンソー州立大学コミュニティ・カレッジ・ホープ校,など.
71) エルパソ,ブルー・マウンテン,など.
72) エイケン・テクニカル・カレッジ (Aiken Technical College：サウス・カロライナ州,地方系),マウイ・コミュニティ・カレッジ (Maui Community College：ハワイ州,地方系),デルガド,シンシナティ州立テクニカル,など.
73) マウイが指摘した.
74) 教員対学生の比率から「マス授業」を憂うのは,イースタン・ワイオミング・カレッジ (Eastern Wyoming College：ワイオミング州,地方系) である.
75) クワインバーグ・バレイ・コミュニティ・テクニカル・カレッジは,制限された財

源のなかで「補習教育」の教育内容のレベルを確保することの困難さを指摘した.
76) バトラー・カウンティ・コミュニティ・カレッジ (Butler County Community College:ペンシルベニア州, 地方系), グレン・オークス・コミュニティ・カレッジ (Glen Oakes Community College:ミシガン州, 地方系), ハーカイ, など.
77) イースタン・ワイオミング, スノー, など.
78) 1991年に, 1967年に制定された「コミュニティ・カレッジ法」(The Community College Act of 1967) は, 「コミュニティ・テクニカル・カレッジ法」(The Community and Technical College Act of 1991) に改訂され, テクニカル・カレッジがコミュニティ・カレッジ学区に吸収されることになった〈RCB 28B.50.020(1)〉. ワシントン州には, 現在29のコミュニティ・カレッジ学区が存在する (Washington State Board for Community & Technical Colleges. *Fall Enrollment & Staffing Report 1997*). なお, 同制度改正については, 塚田富士江の論文が詳しい(「米国コミュニティ・カレッジ教育の動向—ワシントン州にみる制度改革とその意義—」名古屋大学教育学部研究室編『社会教育年報』第10号, 1993, pp.93-102). また, ワシントン州は, コミュニティ・カレッジ制度を積極的に取り入れた州である (Bogue, J.P. *The Community College.* New York: McGraw-Hill, 1950, pp.137-138).
79) Washington State Board for Community & Technical Colleges, 29-40.
80) 1学期(1クォータ制度:年間4学期)にコミュニティ・カレッジにおいては15単位数, テクニカル・カレッジについては300時間授業相当数に相当するものを「1人」として計算する方法 (Washington State Board for Community & Technical Colleges, 1).
81) Washington State Board for Community & Technical Colleges, 29.
82) Washington State Board for Community & Technical Colleges, 31.
83) Washington State Board for Community & Technical Colleges, 30.
84) Washington State Board for Community & Technical Colleges, 38.
85) Washington State Board for Community & Technical Colleges, 37-38.
86) 1993年(9月)に行ったアンケート調査と, 1994年(10月)にヤキマ・バレィ・カレッジ (Yakima Valley Community College:小都市系) の成人教育部長のEglin, L.氏に質問を行ったもの.
87) タコマ・コミュニティ・カレッジ (Tacoma Community College:都会系), ビッ

グ・ベンド・コミュニティ・カレッジ（Big Bend Community College：地方系），クラーク・カレッジ（Clark College：郊外系），など．
88) エドモンズ・コミュニティ・カレッジ（Edmonds Community College：郊外系），サウス・ピュージェット・サウンド・コミュニティ・カレッジ（South Puget Sound Community College：郊外系），ノース・シアトル・コミュニティ・カレッジ（North Seattle Community College：都会系），ペニンスラ・コミュニティ・カレッジ（Peninsula Community College：小都市系），ベルビュー・コミュニティ・カレッジ（Bellevue Community College：郊外系），など．
89) エドモンズ．
90) ベルビュー．
91) ノース・シアトル．
92) ペニンスラ．
93) ビッグ・ベンド（フル・タイム学生であるが，ワシントン州では1クォータで10単位以上登録するものを指す．Washington State Board for Community & Technical Colleges, i)．
94) ペニンスラ．
95) ベルビュー．
96) エドモンズ．
97) グリーン・リバー・コミュニティ・カレッジ（Green River Community College：地方系）．
98) ウェナチー・バレィ．
99) ローワー・コロンビア・カレッジ（Lower Columbia College：小都市系）．
100) ウェナチー・バレィ．
101) エドモンズ，ノース・シアトル，ベルビュー，など．
102) ノース・シアトル．
103) ベルビュー．
104) クラーク，ペニンスラ，など．
105) ペニンスラ．
106) ノース・シアトル．
107) 教育機器に関して，ビッグ・ベンドは，コンピュータを利用する授業を多く提供すべきであると指摘した．

108) ペニンスラは，住民の一般的な要求は「識字」にあるという点を強調した．
109) ウェナチー・バレィ，ベルビュー，など．
110) ここでは特には，「リーディング」「ライティング」などの「基礎学習技能」向上のためのワーク・ブックを指している．
111) 筆者の書簡での質問に対し，「全米補習教育センター」センター長のBoylan, H.R.氏が回答した（1998年8月）．
112) 「全米補習教育センター」の夏季集中「資格取得実用講座」〈2000 Kellogg Institute for the training and certification of developmental educators (July21–July24)〉のリーフレットより抜粋．

第4章 カレッジ・ワークとの連続性

　第3章で指摘したように，学生が「補習教育」の課程を修了し，学位取得・転学を目指す「正規の学生」(regular students)[1]になることが，コミュニティ・カレッジにとって最大の関心事である．そこで，本章では「補習教育」と「カレッジ・ワーク」との連続性について考察する．なお，「補習教育」と「カレッジ・ワーク」との連続性というとき，「補習教育」科目と「カレッジ」科目との関わりということになる．

第1節　アカデミック・レベルの低下

　「補習教育」には様々な問題が山積している．にもかかわらず，カレッジ前レベルの「補習教育」は，コミュニティ・カレッジの「基幹的プログラム」[2]としての役割を果たしてきた．そこで本節では，カレッジ前の「補習教育」が，コミュニティ・カレッジの「基幹的プログラム」に位置づけられることになる背景を概観する．

　「補習教育」が「基幹的プログラム」となった背景には，高等教育機関としてのコミュニティ・カレッジに対する社会の期待がある．「オープン・アクセス」の完全採用は，多様な学力的背景をもつ学生のコミュニティ・カレッジへの入学（登録）を許可することになった．結果として，4年制大学・カレッジへの転学，あるいは学位（準学士）取得希望者のなかで，「カレッジ・レベルの学力に到達していない学生」を「カレッジ・レベル」の学力へ引き上げることが，高等教育機関としての主な責務となってきた．

その入学許可基準をとり続ける限り,コミュニティ・カレッジが高等教育機関として期待される役割は,その責務遂行ということになる.

「補習教育」が重要視されるに至った直接的な理由には,1960年・70年代からの学生の学力低下がある.カレッジ当局にとって,このような学生が,伝統的なアカデミック[3]文化へ組み込まれていくことは,1960年・70年代以前には予想できるものではなかった.実際,コミュニティ・カレッジの「アカデミック文化」自体が変化することになった[4].コミュニティ・カレッジのクラスは,あらゆる学力レベルをもつ学生の集まり(heterogeneity)となった.カレッジ当局が ①必ずしも学生に「補習教育」科目の履修を強要しなかった,②財源(予算)の関係上早く学生をカレッジ・レベルに引き上げる必要があった,などがその理由である.結果として,「必修科目要件」(core course requirement)や「基礎必須教育」科目(prerequisite)[5]などの履修パターンを,緩やかなものにすることが必要になった[6].実際,コミュニティ・カレッジに入学(登録)を希望する学生の大半は,ハイスクール時代の成績は下部の者達であり,4年制大学・カレッジに転学を希望する学生でさえ,その学力レベルはコミュニティ・カレッジの教員からみても低いものである.彼らは,「カレッジ・レベルの学力をもつ学生」とコミュニティ・カレッジ内でみなされてはいるが,あくまで周りの学生の学力が低すぎることによる評価にすぎない.同じ教室に「識字者」(the literate),「やや識字者」(somewhat literate),「非識字者」(the illiterate)が混在しているのが現実であり,このことがコミュニティ・カレッジのアカデミック・レベルを低下させている根因であるとMcGrath, D., Spear, M.B.らは指摘する[7].科目内容や必修科目の単位付与要件の緩和は,「非伝統的学生」(新しい学生)の学力に合わせるためであり,アカデミック文化のレベルが低くなるにつれて伝統的手法を用いた教授法をもつ教員は,「カレッジ」科目を水で薄めた内容(largely of watered-down version)に低めることによって応えるようになってきた[8].Richardson,

R.C. Jr., Fisk, E.C., Okun, M.A. らも,コミュニティ・カレッジにおいてアカデミックな実践が脆弱なものになってきたことを指摘し,彼らはそれを「コミュニティ・カレッジの識字規範（norms of college literacy）」のレベル・ダウンと捉えた[9]．

これは「新しい学生」の問題のみならず,最近ハイスクールを卒業した学生（recent graduate students）の問題でもある．1960年代からのハイスクール（Shopping Mall High School）が施す教育内容のレベル・ダウンが,コミュニティ・カレッジへ与えた影響である．つまり,ハイスクールの教育内容の低下により,コミュニティ・カレッジのアカデミック文化を維持できなくなったというのである[10]．Cohen, A.M. も,1960年代からのハイスクール卒業者の識字力低下を,理由のひとつに挙げている[11]．つまり,1960年・70年代からの「非伝統的学生」（新しい学生）のみならず,ハイスクールのアカデミック・レベルの低下によって生み出された低学力の学生も,コミュニティ・カレッジのアカデミック文化を低める要因となったのである．これは,コミュニティ・カレッジに学ぶ学生の大半が低学力者であることを意味する．実際,第3章でも指摘した通り,コミュニティ・カレッジの約100％が何らかの「補習教育」科目・プログラムを提供しており,約41％の学生（first-time students entering college）が,何らかの「補習教育」科目に登録している[12]．

第3章において,「補習教育」に学ぶ学生の特徴を列挙したが,学位取得・転学を目指す学生も同様の問題を抱えている．というのも,彼らの大半は「危機的状況にある学生」（at-risk student）だからである[13]．彼らは,学習の習慣をもっておらず,「自己否定」や「自己嫌疑」,ハイスクール時代の「ネガティブな経験」などのトラウマをもっていることが多い．いわゆる知的作業（intellectual work）をこなすための「自信の欠如」である[14]．このような学生（非伝統学生・低学力ハイスクール卒業生）に対して,コミュニティ・カレッジ側は学力保障をしなければならない．しかし,彼ら

とアカデミック・ライフの間は大きく乖離している．研究者（理論家）や実践者達は，彼らのための教育について，新しいコンセプトを開発する必要があった．そのコンセプトは，しばしば4年制大学・カレッジとは相反するパラレル・プログラム（university parallel programs）であった[15]．

このような学生（非伝統学生・低学力ハイスクール卒業生）を擁護する立場の研究者（理論家）には，Cross, K.P., Roueche, J.E., Cohen, A.M., Brawer, F.B., Parnell, D.らがいる．彼らは，1960年・70年代を通して「正規のカレッジ科目」「伝統的学問」を水で薄めた「補習教育」の内容によって，学生達が効果的な「補習教育」のサービスを受けることができなかったという立場をとる．つまり，マスター・ラーニングを採り入れるなど，教授法の革命（instructional revolution）が「補習教育」には不可欠というのである[16]．むしろ，「補習教育」こそが，あらゆる学力背景をもつ学生をコミュニティ・カレッジに定着させ基礎学力を向上させることが可能である，と彼らは指摘する．教授法開発の具現により，学生はアカデミック教育や職業教育を享受することができるというのである[17]．繰り返すが，「非選抜入学（登録）制」をとるコミュニティ・カレッジであるならば，そのような学生の学力を向上させることが責務となる[18]．「危機的状況にある学生」は，高等教育に学ぶための可能性をコミュニティ・カレッジに求めてやってくる．伝統的に「補習教育」がそのような学生の学力を保障してきた[19]．

しかし，「学力的にカレッジ・レベルに届かない学生」の大量参入は，コミュニティ・カレッジに使命の再定義を迫ることになった．'remediation'という際立ったタームは，「高等教育機関のなかでのレーゾン・デートルを確認する」という課題（命題）をコミュニティ・カレッジに突きつけることになったのである[20]．4年制大学・カレッジは，多様な修学経験をもち，必ずしも「学習」というものに強い関心を示さない学生に対応しなければならないコミュニティ・カレッジに，4年制大学・カレッジのための「ス

クリーニング機関」(screening agents) としての役割を求めることになった．これは，コミュニティ・カレッジにあるイメージを定着させる一助となった．すなわち，「3流学生のための受け皿機関」というラベリングである[21]．

第2節　基幹的プログラムとしての「補習教育」

本節では，「補習教育」が「基幹的プログラム」であることを確認するために，①コミュニティ・カレッジが「補習教育」の提供機関的性格を有しているか否か，②「一般教育」科目のなかに「補習教育」科目の要素が含まれているか否か，③「学生の定着」に貢献するプログラムであるか否か，という3点から考察を試みる．特に，③の「学生の定着」に焦点をあてる理由であるが，「非選抜入学（登録）制」をとるコミュニティ・カレッジの解決すべき中心課題は，常に「全学生の定着」であった．その意味において，コミュニティ・カレッジにとっては，「学生の定着」率を高めることに貢献するプログラムこそが「枢要をなすプログラム」なのである．

1．「補習教育」提供機関的性格を内包するコミュニティ・カレッジ

(1) 研究者の視点

ここでは，「補習教育」が中心機能（中心的役割）を担う教育実践であると捉えている研究者達の見解を整理することからはじめよう．

まずは Spann, M.G., McCrimmon, S. らである．彼らは，1960年・70年代にかけての中等教育の基礎教育のレベル・ダウンをもって，コミュニティ・カレッジの主機能は，「補習教育」機能となり現在に至っているという見解を示す．特に「オープン・ドア」のコミュニティ・カレッジに入学し

てくる学生の大半が,社会経済的に底辺層出身であるという事実から,かなりの効果的かつ効率的な「補習教育」の実践を行うことが期待されてきたという[22]．また,「補習教育」に対して批判を展開する研究者は多々いるが,「補習教育の重要性」という認識を揺るがす証拠を提示した者は皆無,という点を強調する．彼らは「補習教育」機能が「転学」機能にとって代わってきている,という点を指摘する[23]．「補習教育」の理念は,「公正,自由,そしてすべての市民に対する機会保障という意味での民主的理念」に基づいて発展してきた．彼らによれば,この力強い理念は「補習教育」の領域と平等のシステムの要素と自然に結びつくことになったという．このことは,「補習教育」が「非選抜入学(登録)制」カレッジのプロテクターであり,ディフェンダー的役割を果たしてきたということを示唆するものでもある．「補習教育」は,ドロップ・アウトの可能性のある学生,つまりは「危機的状況にある学生」各自が設定するあらゆる教育レベルへ導くことに加えて,「補習教育」実践者が多様な人口構成の変化に対処するために不可欠な教育営為なのである[24]．

次に Cohen, A.M. である．彼もコミュニティ・カレッジに登録している学生の約半数が,何らかの「補習教育」科目を履修しているという事実に触れ,効率的かつ効果的な「補習教育」の実践を期待する[25]．また,膨大な割合を占める基礎学力不足の学生を受け入れているコミュニティ・カレッジでは,「補習教育」がカリキュラムの中心 (at the heart of curriculum) となることを予測する[26]．高等教育機関であるコミュニティ・カレッジは「補習教育」をもつべきではなく,その役割を「成人学校」「民間セクター」「企業内教育」に委譲すべきであるという,主としてコミュニティ・カレッジの「カレッジ」科目担当教員の見解がある．つまり,コミュニティ・カレッジから低学力の学生を排除すれば,アカデミックな環境が整備されるというのである．しかしこのような考えに対して,Cohen, A.M. は「今日の現状を認識しない見解」であると喝破する．というのも,彼自身,アメ

リカ高等教育の発展の鍵概念である「アクセス」を支える教育営為は,「補習教育」という持論をもっているからである[27]。

　Barshis, D.E., Guskey, T.R. らは,コミュニティ・カレッジの補習教育は,国家の識字(national literacy)を改善するための合理的な場(logical place)であると位置づける[28]。また,コミュニティ・カレッジの大半が,数ある機能のなかでも「補習教育」機能が重要な位置を占めるようになる,と予測している点を挙げる[29]。実際,コミュニティ・カレッジの管理職達は,「補習教育」が最も重要な機能であるということを認識している[30]。Boggs, G.R., Cater, J.J. らによれば,「補習教育」がコミュニティ・カレッジのカリキュラムのなかでも最も急速に成長してきた領域であり,現在ではカリキュラムのなかで主要な部分(a major part)を占めるまでに発展してきたという[31]。Richardson, R.C., Jr., Bender, L.W. らも,これまでの主機能と考えられていた「転学」機能に代わり,「補習教育」がその中心的役割となってきているという見解を示す[32]。Roueche, J.E. も,「補習教育」がオープンドア・カレッジの中心(the heart of an open-door college)であるという見解を示す[33]。Mellander, G.A., Robertson, B. らによれば,アメリカの初等・中等教育の教育成果に加えて,労働市場に対応できる一般レベルの技術や情報・識字などの低下を指摘し,コミュニティ・カレッジの「補習教育」は大きく拡張される必要があるという[34]。McGrath, D., Spear, M.B. らは「厳格なアカデミック実践」を「カリキュラムの中心から周縁へ移動させるべき」という持論を展開する。そして,その役割を担うのは「補習教育」の実践であり,その営為こそが「コミュニティ・カレッジの救済機関」たるゆえんであるという見解を示す[35]。実際,コミュニティ・カレッジは,「非伝統学生」の受け皿機関となっている[36]。

(2)「補習教育」提供機関としての役割
　一般的に,各州の高等教育政策者は,コミュニティ・カレッジに「補習

教育」機能を委譲し，4年制州立大学やカレッジから，できるだけその責任を回避（自由）させようとしている[37]．実際，コミュニティ・カレッジが4年制大学・カレッジの「補習教育」を施すことが見慣れた光景となってきた．「補習教育」提供機関としてのコミュニティ・カレッジのルーツは1920年代に遡る．一方，4年制大学・カレッジは，過去においてより，他の教育機関（特にコミュニティ・カレッジ）に「補習教育」の役割を委譲することを常に策してきた．実際，コミュニティ・カレッジは，1920年代以降，その役割を部分的に担うことが期待されてきた[38]．

　第2章でも考察したように，1990年代よりコミュニティ・カレッジにその役割を委譲する動きが具体的なものとなってきた．高等教育機関レベルでの同プログラムの提供は，初等・中等教育レベルと比べコストがかかるという点が主な理由である．カリフォルニア州立大学，ニューヨーク州立大学，ニューヨーク市立大学などの事例にみられるように，4年制大学・カレッジの「補習教育」をコミュニティ・カレッジが提供するという傾向が，ますます強くなってきた[39]．

　以上の指摘は，コミュニティ・カレッジの「補習教育」提供機関としての面目躍如たるところであり，コミュニティ・カレッジの主機能（役割）が，「補習教育」機能へシフトしてきたことの証左となろう．

2．「補習教育」の要素を内包する「一般教育」科目

(1)「一般教育」の概観

　ここで，「一般教育」について振り返ってみよう．

　「一般教育」（実践）は，伝統的に4年制大学・カレッジにおいて提供されてきた「リベラル・アーツ」（理論）をコミュニティ・カレッジの現実に合わせてその内容を変換したとするものである．「一般教育」とは，「人文科学」「社会科学」「基礎学習」などの教育内容を内包し，主として学位（準

学士）取得・転学のためにデザインされたカレッジ活動である．また，第1章でも明らかになったように，「一般教育」は「キャリア（職業）教育」の要素を有している．

次に，「一般教育」が提供する科目内容の一般的傾向を挙げてみよう．「一般教育」は次の6分野に大別できる．「科学」(science)，「社会科学」(social science)，「数学」(mathematics)，「人文科学」(humanities)，「作文」(composition)，「芸術」(fine or performing arts) などである．そのなかで，3分野（「科学」系，「社会科学」系，「人文科学」系）の科目内容を挙げてみる．

「科学」系には「農業」(agriculture / non-liberal arts)，「生物」(biology)，「化学」(chemistry)，「宇宙学」(earth and space)，「工学」(engineering / engineering technology)，「物理」(physics) などの科目がある．「社会科学」系は，「経済学」(economics)，「商業」(business)，「マーケティング」(marketing)，「自然人類学」(physical anthropology)，「心理学」(psychology)，「社会学」(sociology) など．「人文科学」系は，「芸術」(art)，「音楽」(music)，「演劇史」(theater history)，「文化人類学」(cultural anthropology)，「外国語」(foreign languages)，「文学」(literature)，「歴史」(history)，「政治科学」(political science)，「哲学」(philosophy)，「宗教学」(religious studies)，「教育」(education) などを有している[40]．

ところで，第1章でも述べたように，「コミュニケーション」分野（ここでは，「作文」「外国語」など）には，「リーディング」「ライティング」の要素がちりばめられている．であるから，「コミュニケーション」分野以外の科目のなかに，①カレッジ前レベルの「リーディング」「ライティング」「数学」の教育内容が組み込まれているか否か，「コミュニケーション」分野以外の ②各科目の教育内容レベルに「カレッジ前レベル」が含まれているか否か，という2点が本項にて考察すべき事柄となる．

ここで,「一般教育」科目の登録状況を確認しておこう.「コミュニティ・カレッジ研究センター」(Center for the Study of Community Colleges：以下 CSCC と略す) と「アカデミック達成と転学のための全米センター」(National Center for Academic Achievement and Transfer：以下 NCAAT) の共同調査 (1991) によれば,「一般教育」科目の学生登録数は, 1986 年から 1991 年の 5 年間に 52％から 56.6％というように, 若干の伸びを示している. しかし, 科目個々によって増減が確認できる. 例えば,「英語」「外国語」「政治科学」などは登録数が増え,「工学」「数学」などは減少している. 学際的な「人文科学」系,「社会科学」系などは, 最も人気のない科目群となっている[41].

(2)「補習教育」の要素を内包することになる背景

コミュニティ・カレッジが「補習教育」提供機関としての役割を期待されてきた背景には, 中等教育の教育レベルの低下がある. 成人復学生も含めた, ハイスクール卒業生の識字力低下により, コミュニティ・カレッジは, 学生がカレッジ・ワークをこなすための準備教育に力を入れざるを得なくなった[42].「1983 年以降の中等教育におけるカリキュラム改革が, ハイスクール学生の識字力アップにつながれば, コミュニティ・カレッジの補習教育提供機関としてのプレッシャーは軽減する」[43], という Cohen, A.M., Brawer, F.B. らの主張が説得力をもつゆえんである.

しかし, この現実は,「一般教育」(科目) に「補習教育」(科目) の教育内容の要素を組み込む契機にもなった. というのも, コミュニティ・カレッジの教育実践の中心に「一般教育」が位置づけられてきたこともあるが, 特には, ハイスクールが, 学生達に中等教育レベルの「一般教育」を身につけさせることに失敗したからである[44]. 実際, 中等教育機関や高等教育機関は, ハイスクールの失敗を補完する役割をコミュニティ・カレッジに期待することになった[45]. この文脈をもって,「補習教育」の教育内容が

「一般教育」（科目）に組み入れられる端緒となったのである．Spann, M.G., McCrimmon, S. らの指摘にもあるように，「補習教育」の拡張的カリキュラムは，今やアメリカ中等後教育のなかでも最大の「隠れたカリキュラム」(hidden curriculum) となっている[46]．

伝統（古典）的「リベラル・アーツ」から，実践的「一般教育」にその内容が変化した主な背景には，コミュニティ・カレッジの1960年代から「職業教育」重視という教育方針の転換があった[47]．その結果，「リベラル・アーツ」カリキュラムは，「言語」「論理学」「倫理学」を強調したものに変化することになった．具体的には，「合理性の原理」「言語」「判断力」「批判力」「質疑」「創造性」「文化と環境への感性」「歴史の認識（自覚）」などが，「リベラル・アーツ」カリキュラムの教育内容のなかに織り込まれてきた[48]．これは，基本的に特殊技能（specific skills）を要求する「職業教育」とリンクしたものである[49]．

一方において，学生の学力低下がある．入学（登録）する学生の大半が，学力的に危機的状況にある者達であり，このことが「一般教育」の教育営為のなかに「補習教育」の要素を組み入れることに正当性を与えることになった[50]．その結果，伝統的（古典的）「リベラル・アーツ」の教育内容は，技術開発（skill development）科目の意味合いを有することになった．学生の「リーディング」「ライティング」スキル（基礎学習技能）などの識字力向上が，「一般教育」に期待される役割となってきたのである[51]．実際，コミュニティ・カレッジは，「補習教育」が「一般教育」の教育実践を補完するものと認識するようになってきた[52]．

(3)「一般教育」の教育内容の実態
　A．CSCC と NCAAT の調査結果
　まずは，それらの「補習教育」科目がどのような形で「一般教育」科目に組み込まれているか，前述の CSCC と NCAAT の調査結果からみてみよう．

同調査は,「一般教育」科目を「習熟度レベル」(level of proficiency) でカテゴライズした. ①「補習」(remedial), ②「標準」(standard), ③「上級」(advanced) などの3段階である. ①「補習」は,「カレッジ単位」としては換算されない科目. ②「標準」は, 主として「入門科目」で「基礎必須教育」科目を必要としないが, 一応転学などの「カレッジ単位」として認定される科目. ③「上級」は,「転学」「4年制大学・カレッジの前期課程と同等」レベルとして認められる科目, である[53]. 同調査では,「一般教育」の6分野を「人文科学」「英語」「芸術」「社会科学」「科学」「数学とコンピュータ」としている.

次の図は, 6分野でコミュニティ・カレッジが提供する「補習」「標準」「上級」の割合である.「英語」の30.5％が「補習」レベル,「標準」となると49.7％,「上級」は19.8％という結果であった.「数学とコンピュータ」も「英語」と類似した割合となっている. 概して,「標準」の割合が高くなっているのが特徴である. しかし, この「標準」科目は「基礎必須教育」科目を要件としないため, 転学先の4年制大学・カレッジから「カレッジ」科目とは認められない場合も多い. となれば,「転学」「4年制大学・カレッジの前期課程と同等」レベルとして認定される科目にいたっては, 14.2％～37.2％にすぎないということになる[54].

6分野でコミュニティ・カレッジが提供する
「補習」「標準」「上級」の割合 (％)

6分野	補 習	標 準	上 級
人文科学	0.1	82.5	17.4
英語	30.5	49.7	19.8
芸術	0.0	62.8	37.2
社会科学	0.0	85.8	14.2
科学	1.0	67.6	31.7
数学とコンピュータ	15.9	62.2	21.9

＊サンプル数:164カレッジ
(出典) Center for the Study of Community Colleges, "Total Community College Curriculum Study in 1991," in Cohen and Ignash, 1993 より作成 (p.17)

次は，6分野で「補習」「標準」「上級」を提供するコミュニティ・カレッジの割合である．アンケートに参加した59%～87%のコミュニティ・カレッジが，「上級」レベル科目を提供している．83%～100%のコミュニティ・カレッジが「標準」レベル，「補習」レベルは0%～89%という幅のある結果となっている[52]．

**6分野で「補習」「標準」「上級」を提供する
コミュニティ・カレッジの割合（％）**

6分野	補 習	標 準	上 級
人文科学	1	97	80
英語	89	99	84
芸術	0	83	75
社会科学	0	98	59
科学	5	100	87
数学とコンピュータ	65	98	86

＊サンプル数：164カレッジ
（出典）Center for the Study of Community Colleges, "Total Community College Curriculum Study in 1991," in Cohen and Ignash, 1993 より作成（p.17）

B．コミュニティ・カレッジの実践

ここでは，「リーディング」「ライティング」スキル（基礎学習技能）と「一般教育」科目との関わりについてみてみたい．

「危機的状況の学生」の大半は，概して「リーディング」力が低い．「リーディング」力の低下は，社会科学や人文科学分野のクラスで学ぶことが困難なものとなることを意味する．というのも，「リーディング」力はすべてのアカデミック科目と関連しているからである[56]．「リーディング」は，転学・職業教育と両方にサービスするスキルである．実際，転学・準学士取得科目の大半が，言語を通した「リーディング」「ライティング」「コミュニケーション」を履修要件（requisite）としている．「職業教育」科目も「リーディング」が基本である．であるから，学生は「リーディング」「ライティング」の要素をもたないカリキュラムから逃れることはできない．

コミュニティ・カレッジにて学ぶ上での基礎学習技能は，テキストを読み，試験の質問を理解するスキルである．つまり，「一般教育」科目を履修する上において，学生が基礎的識字力をもつことが不可欠なのである[57]．

ここで，カレッジ前レベルの「リーディング」「ライティング」スキルを，「一般教育」科目の授業のなかに織り込んでいる実践の一例を紹介したい．まずは，シカゴ市立カレッジ（City College of Chicago：イリノイ州）である．同カレッジは，「人間発達」「社会科学」「数学」「ビジネス」「人類学」などの「一般教育」科目のコア・スキルとして，「リーディング」「ライティング」を課している[58]．次に，グレイター・ハートフォード・コミュニティ・カレッジ（Greater Hartford Community College：コネティカット州）である．同カレッジは，第1セメスター目に学生全員に対して「リーディング」「ライティング」プログラムを履修することを強要する．第2セメスターでは，「一般教育」科目の「西洋文明」に「リーディング」「ライティング」「スピーチ」を組み入れる．学生は，「西洋文明」のテキストを使用しながら「リーディング」「ライティング」「スピーチ」のスキルを習得する．「ライティング」を例に挙げれば，「西洋文明」などの「一般教育」科目のクラスで，「テーマの絞り方」「エッセイの書き方」「リサーチ・ペーパーの進め方」などを学ぶ[59]という具合である．最後に，ループ・カレッジ（Loop College：イリノイ州）である．同カレッジでも，「生物学」「社会学」「幼児学」などの「一般教育」科目は，「リーディング」「ライティング」「進路指導」（educational and vocational counseling）「心理学（自己発達）」などと抱き合わされている．テキストは「一般教育」科目のそれを使用し，学生に「リーディング」「ライティング」スキルの習得をさせるのである[60]．

カレッジ・レベルの「数学」は，「一般教育」科目の科学系分野の基礎科目である．「数学」を「基礎必須教育」科目に指定しているカレッジが大半である．例えば，「環境科学」（Environmental Science）などは，「環境科

学」科目の 10％程度「数学」を組み入れている[61]. しかし, CSCC の全米調査によれば, 97％のコミュニティ・カレッジが「入門数学」「中級数学」を提供, 87％が「上級数学」, 64％が「応用数学」あるいは「技術関連の数学」という結果であった. その内容は,「代数前」「入門代数」「幾何学」「中級代数」「三角法」「カレッジ代数」「補習数学」(developmental / remedial mathematics) などの入門から中級レベル科目である[62].「アメリカ数学協会」(Mathematics Association of America) の調査によれば,「補習数学」は 82％が「入門代数」, 68％が「算数」, 53％が「中級代数」という結果であった[63]. また,「カレッジ代数」以外は,「基礎必須教育」科目の要件を課されておらず, その内容も中等教育レベルということから,「補習教育」相当レベルということも可能であろう. まさにコミュニティ・カレッジにとって, ハイスクール・レベルの数学力を身につけられなかった学生達に対して, 効率的に治療を施すための「教授法」を開発することが喫緊なる課題なのである[64].

3．「学生の定着」に貢献する「補習教育」

(1) 総合教育プログラムとしての「補習教育」の役割
　　　　　　　　　　―「定着」率への影響―

　まずは「定着」(retention) のタームについて触れておこう. ここでの「定着」とは,「学生がコミュニティ・カレッジを退学 (drop-out / stop-out) することなく, 自らが設定した教育目標を目指す状態にある」ことである. 1960 年代においては "persistence" というタームが使用されていたが, 1970 年代の間にそのタームは "retention" へと変化した. その背景には, ドロップ・アウト防止への取り組み（プログラム開発・技術）により, 学生を「引き留める」ことが可能になったと判断するコミュニティ・カレッジの認識がある[65]. 筆者は, そのタームの含意する「引き留め」から,

「学生の定着」と訳出する．実際，コミュニティ・カレッジではどれくらいの「ドロップ・アウト」率なのであろうか．Noel, L., and Levitz, R. らが行った調査によると，コミュニティ・カレッジ全体の46％の学生が「ドロップ・アウト」を経験したという[66]．「オープン・アクセス」を完全採用するコミュニティ・カレッジでの学生定着の困難さを垣間みることができる．

　コミュニティ・カレッジには多様な学生が入学（登録）しているが，特には，「非伝統的学生」をコミュニティ・カレッジに「引き留める」ことが責務となっている．というのも，実際にドロップ・アウト率が低いのは，フル・タイム登録の若年齢層の学生，いわゆる「伝統的学生」（traditional college students）という傾向性が認められているからである．彼らは，高成績を取得し，主として昼間にカレッジに通い，クラブ活動やカレッジ自治会などの何らかの活動に携わり，指導担当員（アドバイザー）や教員と交わりをもつ[67]．非伝統的学業パターン（パート・タイムを基本とする）をもつ学生には，コミュニティ・カレッジの管理外の問題もある．彼らは一般に，1単位か2単位を登録し，気軽にカレッジを去り再び登録してくる．学習への動機づけもあまり強くなく，アドバイザーや教員と交わることも少ない[68]．Cohen, A.M. と Brawer, F.B. が1989年に行った全米調査では，カレッジを去った学生の39％がスタディ・グループに不参加であり，34％が教員やアドバイザーとの交流が乏しく，45％が授業以外での会話には積極的ではなく，そして約半数がカウンセラーとのカウンセリング経験がない，という結果になった．となれば，コミュニティ・カレッジのスタッフは学生の抱える問題を見極め，学生がそのようなサービスに乗る環境を整える，つまりは，カレッジ当局が援助し得る形は何なのかを模索することが望まれることになる[69]．コミュニティ・カレッジは，このような「非伝統的学生」の受け皿機関（救済機関）としての役割を果たさなければならない．これは，コミュニティ・カレッジの管理外の問題に対応しなければならないことを意味する．例えば，コミュニティ・カレッジを去る主因

には，「健康問題」「チャイルド・ケア」「経済的問題」「不都合な時間割り」「転居」などがある[70]．

このような状況のもと，学生の「定着」に向けて，概念拡大の結果総合教育プログラム的意味合いをもつことになった「補習教育」(developmental education) の役割が期待されてきた．というのも，「カウンセリング」「アドバイジング」などの学生サービスは，ドロップ・アウト阻止には効果的という認識がカレッジ当局にあるからである．第2章でも考察したように，3R's と「カウンセリング」「チューター制度」「スタディ・スキルズ」「セミナー」などとのコンビネーション教授 (combination instruction) をもつ「補習教育」への期待である．これは，新入生の約71%が，登録後4週間という初期にドロップ・アウトするという，各コミュニティ・カレッジがもつ調査結果および教育経験（実践）に依拠するものである．これはある意味において，入学（登録）時初期に，コミュニティ・カレッジが学生に十分なケアをすれば「定着」率は高まることを意味する[71]．このケアとは，「補習教育」である．すべての「補習教育」活動の意図は，学生をカレッジにとどまらすことであり，学生がアカデミック，あるいは職業プログラムを満足に終（修）了できるように，基礎学習技能を向上させることにある．つまり，「学力的にカレッジ・レベルに到達していない」学生に対して，どのように教育を展開するのかがコミュニティ・カレッジにとって常に苦痛の種 (thorniest problems) であった[72]．数多くの論文（ERICのデータベースを含む）が，習熟度別クラスの実施や「補習教育」クラスでの基礎学習技能を学ぶことが有効であることを示唆している．つまり，教員が学生達に注意を払い，カウンセリングと統合した教授を行い，多彩な学習教材を提供することに加えて，特別なトリートメント (special treatment)，すなわち，「カウンセリング」「チュータリング」「学習支援」などを補助したとき，学生は学業専念への動機づけを行うことができ，カレッジに「定着」する可能性が高くなるというのである[73]．その意味において，

総合教育プログラムである「補習教育」(developmental education) の有効性とその役割は，コミュニティ・カレッジの教育実践のなかでも看過できない．

(2)「定着」の実態

　ここで，筆者が第3章でも示したコミュニティ・カレッジへ実施したアンケート (1998～1999) 結果をみてみたい．質問は回答者に対して，学生が「カレッジ・ワーク」に進んだ際，「補習教育が学生をカレッジにとどめるのに寄与したか」という内容であった．この調査では，大半のコミュニティ・カレッジが，学生の定着には「補習教育」が効果的であるという考えを示した．63カレッジのなかで「効果が認められない」と回答したのはわずか3カレッジ．60カレッジ (95.2%) が「寄与している」というものであった．「効果が認められない」と答えたすべてのカレッジが「都会系」カレッジであった．

　ここで，「効果がある (寄与している)」という回答のなかで，主なコメントを整理しておこう．まずはブルー・マウンテン・コミュニティ・カレッジ (Blue Mountain Community College) である．同カレッジは，「補習教育」に登録する学生の大半は，「成功へのモチベーション」と「基礎学習技能」を獲得するための最後の機会として「補習教育」を捉えているという．また，「補習教育」は，その教育実践なくしては成功を期待できないであろう学生たちのためへの「不可欠な提供」(a necessary offering) という回答であった．ケント州立大学ゴーガ校 (Kent State University—Geauga Campus) は，「補習教育」は，学生がカレッジに定着する機会を提供する営為と位置づける．サウス・アイダホ・カレッジ (College of South Idaho) によれば，学生が「補習教育」のような学習支援プログラムを利用できない場合，カレッジ・レベルでの定着は警告的に低いものになるという．キャロル・コミュニティ・カレッジ (Carroll Community College) によれ

ば，学生がカレッジ・レベル・ワークをこなすためには，「補習教育」のスキル習得が大前提であるという．シンシナティ州立テクニカル・コミュニティ・カレッジ（Cincinnati State Technical and Community College）は，「補習教育」の重要性は認めながらも，「補習教育」の履修は短期間であるほど学生の成功率が高いことを指摘している．

次に「補習教育」が学生に与える影響を，精神面に求めているコミュニティ・カレッジの例を紹介する．カヤホガ・コミュニティ・カレッジ東部校（Cuyahoga Community College—Eastern Campus），カンザス市立カンザス・コミュニティ・カレッジ（Kansas City Kansas Community College）などによれば，「補習教育」は学生が継続するための自信や技能を提供する営為という．アンソン・コミュニティ・カレッジ（Anson Community College）も，「補習教育」が学生に必要とされる基礎学習技能を提供するばかりでなく，彼らが成功する上において，極めて重要な自己尊敬（self-esteem）と自信を確立することを手助けできる点を主張する．マイルズ・コミュニティ・カレッジ（Miles Community College）は，一度「補習教育」に学ぶ学生が，自らの学力に自信をもつことができれば学業継続の動機づけとなり，「補習教育」こそがそれを支援することができるという．

学生の「定着」への貢献度を示す「補習教育」のデータをもつコミュニティ・カレッジもある．サウス・シアトル・コミュニティ・カレッジ（South Seattle Community College）やコロラド・ノースウエスタン・コミュニティ・カレッジ—レンジリィ校（Colorado Northwestern Community College—Rangely Campus）などは，各々がもつデータから，低学力の学生は「補習教育」の恩恵を必ず受けていることを指摘する．デンマーク・テクニカル・カレッジ（Denmark Technical College）のデータによれば，「補習教育」を履修する学生の定着率は83.5％．セントラル・カロライナ・テクニカル・カレッジ（Central Carolina Technical College）は，「補習教育」のサービスと機会がなければ，3分の1から4分の1の学生がカレ

ッジ・レベルに進めなくなってしまう点を指摘する．また同カレッジの最新のデータ（1997～1998）によれば，81％の「補習教育」修了率と，その後カレッジ・ワークでの80％の定着率であるという．

　イースタン・ワイオミング・カレッジ（Easten Wyoming College）によれば，「補習教育」科目を登録する学生は，一般的に「補習教育」科目の履修を推奨されたが履修しなかった学生よりも「定着率」が高いという．ハーカイ・コミュニティ・カレッジ（Hawkeye Community College）も同様の見解を示すが，「補習教育」の履修を必要としなかった学生（ここでは，正規の一般学生）に比べ，「補習教育」を修了しカレッジ・ワークへ進んだ学生の「定着率」は必ずしも高くないことを指摘する．フィラデルフィア・コミュニティ・カレッジ（Community College of Philadelphia）なども同様の見解を示す．しかし，両カレッジは，「補習教育」を履修する学生で第1セメスターを継続し得た者は，当初より「補習教育」の履修を必要としなかった学生と同率の「定着」をみせているという．一方，バックス・カウンティ・コミュニティ・カレッジ（Bucks County Community College）などは，「補習教育」を当初より必要としなかった学生と同程度の「定着」率を示していることを例に挙げる．しかも，カレッジ・レベルに進学後も，安定した成績を残しているという．

　サザン・ネバダ・コミュニティ・カレッジ（Community College of Southern Nevada），オハイオ大学南部校（Ohio University—Southern Campus）によれば，「定着」問題は学生のモチベーションにあるという．学習に対して真摯に取り組む（高い動機をもつ）学生は，転学科目でよい結果を果たすというのである．カレッジ・レベルには学力的に到達していなくとも，モチベーションの高い学生に対して「補習教育」の貢献は大きいというのである．一方，確たる目標をもたない（もとうとしない）学生は，もつ学生よりも向上はみられないという．彼らはしばしば「ドロップ・アウト」し，成績も好ましくないという．ニューメキシコ州立大学カール

ズバッド校 (New Mexico State University at Carlsbad) によれば，学生の「定着」の問題は，すべてのコミュニティ・カレッジの問題でもあることを指摘する．また，学生の成功は，最初の1年目に拠るところが大きいという．実際，成人学生がもつ学業継続への拘泥が，仕事，財政面，家庭の問題など，外的要因によって諦念に結びつく場合も多々ある．しかし，一般的には「補習教育」の履修を義務づけられる学生や，非カレッジ・レベルのプログラムであっても，その学業を滞りなく克服する学生は，学位取得や資格取得のために継続してカレッジに残ることが多いという．チャンドラー・ギルバート・コミュニティ・カレッジ (Chandler-Gilbert Community College) の「定着」パターンは，担当教員の教授法によるところが大きいという．つまり，教授法が優れていれば著しく高い「定着」率を示す，というのである．セントラル・メイン・テクニカル・カレッジ (Central Maine Technical College) によれば，「補習教育」に学ぶ多くの学生は「補習教育」が学位や資格を取るための教育実践であると信じているという．

第3節　カレッジ前レベルの「補習教育」と　　　　　「カレッジ・ワーク」との連続性
―「分離学科」型対「学科統合」型論争を通して―

　本節では，「補習教育」の実施形態をめぐる見解の相違（「分離学科」型支持派対「学科統合」型支持派）に焦点を絞り検討することにより，カレッジ前レベルの「補習教育」と「カレッジ・ワーク」との「連続性」を考察する．

1．「補習教育」実施形態の概要

アカデミック・カリキュラム内での「カレッジ前レベル補習教育」の実施形態は,「独立した学科・部局 (department / division) の中で提供されるべき」という考えと,独立したものではなく「正規の科目領域 (academic content area) の学科の中で施されるべき」という2型に大別できる.前者は,「正規の科目領域」(カレッジ科目領域) と分断したカリキュラム (プログラム) をもち,教授法・プログラム開発など,専門的資質・技量をもった教員によって教育が施される.そして,「補習教育」の独自性をもって学生の学習技能を向上させるという立場 (「分離学科」型) である.後者は,「正規の科目領域」カリキュラムのなかに「補習教育」科目を組み入れるという考え方 (「学科統合」型) である.両派の差異を明確なものにするために,正規の科目領域と「補習教育」科目との関係を意識して図式化すると以下の通りになる.

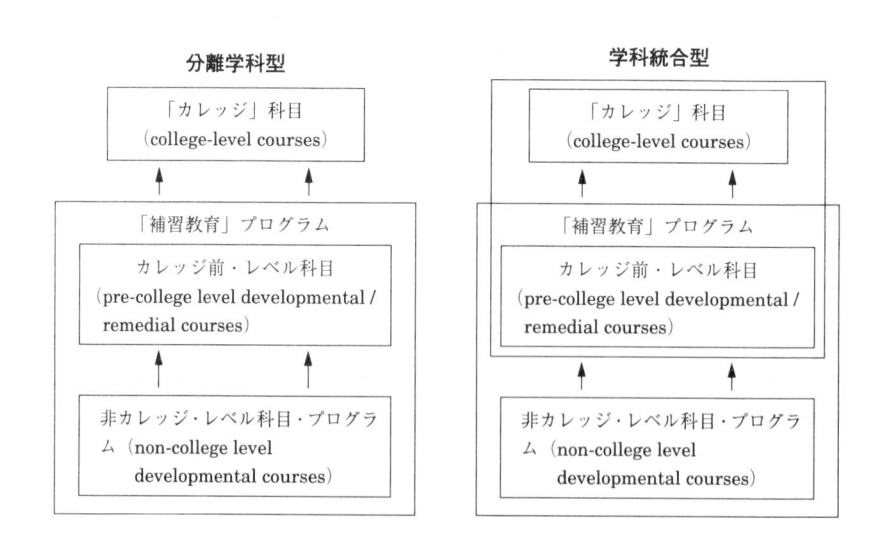

```
          分離学科型                              学科統合型
    ┌─────────────────────┐              ┌─────────────────────┐
    │    「カレッジ」科目     │              │    「カレッジ」科目     │
    │ (college-level courses)│              │ (college-level courses)│
    └─────────────────────┘              └─────────────────────┘
          ↑         ↑                          ↑         ↑
    ┌─────────────────────┐              ┌─────────────────────┐
    │  「補習教育」プログラム │              │  「補習教育」プログラム │
    │   カレッジ前・レベル科目│              │   カレッジ前・レベル科目│
    │ (pre-college level     │              │ (pre-college level     │
    │  developmental /       │              │  developmental /       │
    │  remedial courses)     │              │  remedial courses)     │
    └─────────────────────┘              └─────────────────────┘
          ↑         ↑                          ↑         ↑
    ┌─────────────────────┐              ┌─────────────────────┐
    │ 非カレッジ・レベル科目・│              │ 非カレッジ・レベル科目・│
    │ プログラム (non-college│              │ プログラム (non-college│
    │ level developmental    │              │ level developmental    │
    │ courses)               │              │ courses)               │
    └─────────────────────┘              └─────────────────────┘
```

実際どちらの型が，コミュニティ・カレッジにおいては多く用いられているのであろうか．第3章にて引用した教育省のデータ（1996）では，「補習教育」（remedial education）科目（「リーディング」「ライティング」「数学」）ごとにデータを抽出している．まずは「リーディング」である．カレッジ・レベル学科と分離した ①「補習教育」の学科・部局（separare remedial division）は30％，②伝統的アカデミック学科（traditional academic department）は54％，③学習センター（learning center）は10％，④その他は3％．「ライティング」では，①は30％，②は59％，③は8％，④は3％．「数学」では，①は27％，②は62％，③は8％，④は3％とそれぞれなっている[74]．筆者の分類でいうところの「分離学科」型は①③が該当すると考えられ，「リーディング」では40％，「ライティング」では38％，「数学」では35％という結果である．一方「学科統合」型は②と考えられ，「リーディング」は54％，「ライティング」は59％，「数学」は62％であり，このデータの限りでは，「学科統合」型を採用しているカレッジが多い結果となっている．しかし，他の高等教育機関（4年制大学・カレッジ）と比べ，コミュニティ・カレッジが「分離学科」型を最も多く採用している[75]．

「分離学科」型と「学科統合」型というカリキュラム内での実施形態であるが，伝統的に「学科統合」型がとられていた．しかし，1960年・70年代頃に伝統的「学科統合」型に加え，「分離学科」型が現れてきた[76]．この背景には，高等教育の大衆化に伴う「新しい学生」の大量入学（登録）の流れがあった．学力的に「危機的状況にある学生」の高等教育機関への大量参入は，各高等教育機関に，カリキュラムの変革など学生救済への対策を迫ることになったのである．特に「非選抜入学（登録）制」を入学基準に設定する地域州立総合4年制大学やコミュニティ・カレッジは深刻であった．そのような脈絡のなかで，「補習教育」の専門化，プログラムの組織化・体系化，専門職としての教員の確立を実現するために，「補習教育」科目・プログラムをひとつの学科・部局として設置し，専門性を高めること

になったのである.

　しかし,「補習教育」科目の普遍的実施形態を提示することは困難である. というのも, コミュニティ・カレッジが提供する教育プログラムは, 地域のニーズの影響を強く受けてきたからである. なかでも「補習教育」科目の場合は顕著である. 例えば, コミュニティ・カレッジ設置地域が財政的に裕福か否かによって, その実施形態が決定されることが多々あるからである. 実際, 財政的にゆとりのある学区は「分離学科」型をとることが多い.

2.「分離学科」型　— Roueche, J.E.の見解 —

　「補習教育」の「分離学科」型を提唱する主な研究者（オピニオンリーダー）には, Roueche, J.E. がいる.

　彼は, 1970年代以前の科目領域（subject area courses）における「補習教育」のあり方を批判する. これは,「学科統合」型による「補習教育」科目の実施形態での教育効果についての疑念である. 彼は, それを「専門性」との関わりから批判を展開する.「学科統合」型では,「補習教育」の専門性（科目・教員）が育たないというのである.「補習教育」科目が正規科目（regular courses）を水で薄めたもので構成されている, という点をその根拠としている. つまり, そのような実状では「補習教育」としての専門性を獲得することが困難というのである.

　加えて Roueche, J.E. は,「学科統合」型の基本履修形態である「カレッジ」科目と「補習教育」科目の同時履修を批判する. 学生に同時に「カレッジ」科目と「補習教育」科目を履修させることは,「補習教育の効果」を否定することになるというのである.「正規のカレッジ」科目（regular college courses）に「補習教育」科目が組み込まれることは, 結果として科目それ自体のスタンダードを落としめることになり, ひいては学生の基礎学

習技能獲得を妨げることになるというのである．実際，教員はそのような水で薄められた科目を担当することには，あまり積極的ではないという[77]．たいていの場合，「カレッジ」科目担当教員は，学科の高潔さ（integrity）と学問的内容を維持しなければならないと信じていた．しかし現実には，大半の学生がコミュニティ・カレッジが施す伝統的な様式の教育実践をこなすことができるわけではなかった．その結果，「補習教育」担当教員に対しては，「基礎学習技能」である「補習教育」を担当する教員との間に深い溝を作ることになった[78]．というのも，「カレッジ」科目担当教員にプライオリティを置く序列が（pecking order）が行われたからである[79]．「補習教育」担当教員のコミュニティ・カレッジ内での地位の低さ，例えば Cohen, A.M. に従えば，未だに「カレッジ」科目担当教員から「教員の最下層（pariahs）」に位置づけられているということになる[80]．

「分離学科」型を標榜する Roueche, J.E. の主張の論点は，「補習教育」科目・担当教員のコミュニティ・カレッジ内での地位の向上に集約される．換言すれば，「補習教育」と「担当教員」の専門性の確立である．専門性確立の付随的意味合いとしての地位の向上である．そのことをもってはじめて，学生に対して効果的・効率的な学習成果が期待できるとする立場である．Roueche, J.E. は，自らが行ったコミュニティ・カレッジでの調査結果をもとに，「統合学科」型から「独立した部局」（a separate division）への移行をもって「補習教育」科目および「担当教員」の専門性の確立，つまりは，カレッジ内での地位の向上を模索するためのひとつの契機となったことを指摘する．実際，管理職やカレッジ・プログラムのコーディネーターは，それまでボランティアとしてみなしていた「補習教育」担当教員を，カレッジの教員として理解するようになった[81]．

Roueche, J.E. は，「分離学科型」の利点を次のように整理する．「分離学科」型は，①学生の「基礎学習技能」向上という効果をカレッジにコミットできる，②学生同士の強力な仲間意識（peer relationship）が現実のも

のとなる．つまり，学生達を「孤立した学習タスク」(isolated learning task) から解放し，共通の目的を目指す仲間としての意識をもたせることができる，③学生を個人単位で知ることができる（インストラクター・カウンセラーと学生の密接な関係），などがメリットであるという[82]．Roueche, J.E. は，次に紹介する Cohen, A.M. の見解に反論する．Cohen, A.M. は「正規の科目のなかでのみ『補習教育』の効果を確認できる」という主張に対して，「そのような考えは，心臓病の患者にジョギングを勧めるようなもの」であり「外部からの資金が規制されたときのみ有効な案」と喝破する．学生が「補習教育」科目から抜け出すことに失敗したのであれば，「正規科目の薄まったもの」を提供されるよりも，専門的教授訓練を受けた教員によって施される体系・理論立った「補習教育」を繰り返し受講する方がはるかに建設的であるというのである[83]．しかし，実際には「補習教育」のための十分な予算を獲得することが困難なコミュニティ・カレッジが存在することを看過できない．

3.「学科統合」型 — Cohen, A.M.の見解—

Cohen, A.M. は，「分離学科」型の論点に対して異見を唱えるという形で「学科統合」型の利点を提示する．Roueche, J.E. らの論点は「補習教育」担当教員の専門性を求めるところに特徴があるが，Cohen, A.M のそれは，「補習教育」科目から「カレッジ」科目への連続性をとりわけ重視している[84]．

まず Roueche, J.E.（「分離学科」型）の「独立した専門のプログラムにて，正規の科目領域に進むまでに基礎技能を習得させる」という論点に対して，「正規の科目領域のカリキュラムに進む前に，ドロップ・アウトなど失敗してしまう可能性がある」ことを指摘する．次に「分離すれば専門教員が育つ」という論点であるが，仮に「コミュニティ・カレッジ学生から識字学生 (college literacy)[85]」を輩出したいのであれば，「カレッジすべ

ての教員が学生の基礎学習技能を向上させるための努力」をする必要があり，これこそがコミュニティ・カレッジの教員のアカウンタビリティであると主張する．正規の科目領域担当の教員が，基礎学習技能の科目を担当することに積極的でないこと自体が問題であるというのである[86]．その他の問題点として，「カレッジ」科目と「補習教育」科目を分離することが学生にとって継続的な価値であるかどうか明らかではない，という点．加えて，カレッジ・レベルの学力に届かない学生達が，分離した「補習教育」から締め出された場合,「コミュニティ・カレッジのリベラル・アーツは弱まる」「『補習教育』に対するトラッキングが強まるという倫理的な問題が生ずる」「正規の科目領域の担当教員と基礎学習技能サービス担当教員との関係がますます脆弱なものとなる」などを挙げる[87]．

　コミュニティ・カレッジの「オープン・ドア政策」は,「アクセス」を否定すべきではないという点が前提となっているという．しかし，一方において，「アクセス」には「高度な学習内容」(higher learning)，つまりは,「カレッジ」(college) というニュアンスを内包しているというのである．これは，すべての学生に対して「カレッジ」科目への登録を認めるものではないが,「補習教育」科目は，正規の科目領域の教授 (instruction) から完全に分離させられるべきものではないことを意味する，というのである．この視点は，Richardson, R.C., Fisk, E.C., Okun, M.A. らのいうところの「識字技能の習得がカリキュラムを通して，継続性のある実践であるべき」[88]という指摘に従っている．Cohen, A.M. は，コミュニティ・カレッジがもつすべてのプログラム（科目）は,「補習教育」科目の「要素」(component) をもつべきという立場をとる．しかもこの「要素」は，「分離した補習教育科目」(separate developmental courses) を形成することができ，基礎学習技能の教授を「カレッジ」科目を含めたすべての授業に組み込むことができるものであると主張する[89]．

　Cohen, A.M. は，アカデミック・カリキュラム上での「補習教育」科目

の組み込みは,「学生の識字力の低下に対する現実的な応え」として,また,コミュニティ・カレッジが「高等教育機関」としてのレベルを維持(保護)するのための「本質的なステップ」になると結論づける.理由として,①高いレベルの読書能力を示すまで正規の科目(collegiate courses)から学生達を除くのは非現実的,②サポート・サービス(support services)が強制的であることができ,チューターや自主学習活動(tutorials and learning laboratory activities)は,クラス教授法(classroom instruction)と統合されることの可能性が高い,③入学してくる学生の約10%のみが「カレッジ・レベルの学力要件を備えた学生」という現実では,コミュニティ・カレッジの「転学機能」を守ることが難しい,などを挙げる.多くのコミュニティ・カレッジの学生,特にマイノリティや経済的に不利な立場の学生達にとって,コミュニティ・カレッジは唯一,高等教育への「アクセス」への機会を提供するものである.その意味において,「カレッジ」(collegiate institution)としての正当性を失うということは「非サービス的」(disservice)であり,コミュニティ・カレッジが非識字の問題を解決しない限り「非サービス的」にならざるを得ないことを指摘する[90].さらにCohen, A.M. は,「カレッジ・ワーク」から分離された「補習教育」科目が生み出す様々な問題点,例えば①分離された「補習教育」科目が人種主義や階級を胚胎とする(class-based tracking)という現実[91],②「どれくらい長い時間,『読めない同じ人』を教えることに公的資金(税金)を導入すれば気が済むのか」という批判,③カレッジ・カリキュラムから「補習教育」科目を「分離」したとき,「補習教育」の教育的標準を保つことができるのか,という疑問[92]などに対してどのように答えるのか,と「分離学科」型支持者達に疑問を投げかける.コミュニティ・カレッジが「学力的に十分ではない学生」(less well-prepared students)の大量入学を許可し,しかも,高等教育機関としての信頼を維持することができるか否かということが,コミュニティ・カレッジに与えられた抗うことができない課題(overriding issues）であり，それが果たされれば「すべての市民に高等教育の機会を提供する」という誕生時よりコミュニティ・カレッジに課せられた理念を達成することができるという[93]．

第4節　「連続性」を効率的にするための施策

　本節では，「補習教育」科目と「カレッジ」科目との「効率的な連続性」を模索することを目的とするが，その際，カレッジ前レベルの「補習教育」科目から「カレッジ」科目，非カレッジ・レベルの「補習教育」科目からカレッジ前レベルの「補習教育」科目，などに区別しそれぞれを検討する．

1．カレッジ前レベルの「補習教育」科目と「カレッジ」科目との関わり

(1)「補習教育」実施形態を巡る論争から学ぶ「効率性」

　前節にて考察した「補習教育」実施形態から「効率的な連続性」をみてみよう．

　まずは「分離学科」型であるが，この型の問題点は「カレッジ」と「補習教育」とのスムーズな連続性（sequence）である．この点を乗り越えるための方策として，「カレッジ」科目と「補習教育」科目の「同時履修システム」の導入がある．つまり，このシステムを導入することにより，学生は初期のうちに「補習教育」ワークから「カレッジ・ワーク」への移動についての自らの関心を確認できる．そして，学生は「カレッジ」科目登録の準備へのモチベーションをもつことができる[94]．つまり，カレッジ・レベル・プログラムとタイアップすることによって，非単位の科目・プログラム（noncredit courses / programs）に登録している学生が，カレッジ・レベルの単位をもつ科目（credit courses collegiate goals）へシフトする

動機を「同時履修システム」は与えることができるのである[95]．Donovan, R.A. はこれを，「教育的共同」(educational collaboration) と捉えた[96]．「基礎学習技能を強化するための相互学科的共同」(interdepartmental collaborations to reinforce basic skills) であるという．これこそが「補習教育」の鍵概念であると主張する．

一方，「学科統合」型の主な問題点は，「補習教育」の専門性の欠如にある．たいていの場合，この型は「カレッジ」科目担当教員によって施されるため，体系立ったプログラムをもつ「補習教育」科目，あるいは効果的な教授法の開発などがなされ難い環境にある．であるから，「補習教育」の教授法・プログラム開発などを専門とする教員の積極的採用に加えて，「フル・タイム」教員を確保することが課題となろう．別の視点として，「補習教育」科目を担当する「カレッジ」科目担当教員（主として，英語・数学教員）に対して教員研修（Faculty Development）を奮励する方策がある．

(2)「カレッジ」科目内容の体系化

本章（1節）で，「一般教育」のなかにカレッジ前レベルの「補習教育」の要素が組み入れられている実践例を示した．そして，それは学生の学力レベルの低下という不可避的流れのなかでの結果であった．Perin, D. によれば，「補習教育」科目と「一般教育」科目との科目内容の系統化の欠如が「連続性」を妨げる要因と捉え，「一般教育」へ「補習教育」の要素を積極的に組み入れたとき「『カレッジ』科目内容の『体系化』が実現される」ことになるという[97]．

Perin, D. は，自ら実施した調査をもとに，実際にコミュニティ・カレッジで行われている2つの型を例示する．ひとつは「連結科目／群生科目」(linked courses / clustered courses)，今ひとつは「注入科目」(infused courses) である．前者は，1科目の「カレッジ」科目 (one content course) に，1科目以上の「ライティング」「リーディング」などの「スキル」科目

(academic skills courses）をつなげる型である．つまり，学生は「スキル」科目修了直後，継続して「カレッジ」科目を登録することになる．その一連の流れを終えることにより，ひとつの「カレッジ」科目を履修することになる．「カレッジ前レベルの『補習科目』を『基礎必須教育』科目に位置づけた型」と言い換えることができる[98]．

次に，後者の「注入科目」である．これは，ひとつの「カレッジ」科目のなかに，「スキル」科目の要素を組み込むものであり，本章（第1節）の実践例と同じ型である[99]．Perin, D. によれば，コミュニティ・カレッジで実施されている「注入科目」には3つのタイプがあるという．そのタイプとは，①「注入職業科目」(infused occupational courses)，②「応用アカデミック科目」(applied academic courses)，③「混種科目」(hybrid courses) である．①は，「ライティング」をカレッジ・カリキュラム上でのコア科目に位置づけることにより，「放射線テクノロジー」などの「カレッジ職業」科目のなかに「スキル」科目を組み入れるもの．②は，「職業教育」のテーマを用いて「スキル」科目を教える方法．③は，「職業的教科内容」と「カレッジ・レベルの教科内容」を同程度に強調するタイプである[100]．

以上の実践例のねらいは，登録予定の「カレッジ」科目の内容をちりばめた「カレッジ前レベルの『補習教育』」科目（その逆もある）や，「ライティング」や「リーディング」などの「補習教育」科目を「基礎必須教育」科目に位置づけた「カレッジ」科目を，学生に経験させることにある．学生は，「カレッジ・レベル」科目の内容に前もって慣れておくことができる．それによって学生は，「カレッジ」科目を学ぶ上での混乱や不安から解放されるというのである[101]．なお，Perin, D. によれば，これらの科目は，学位取得（準学士）や転学のための単位して認められているという[102]．

2．非カレッジ・レベルの「補習教育」とカレッジ前レベルの「補習教育」の関わり

(1)「補習教育」(developmental education) 内での連続性

第1章で述べたように，コミュニティ・カレッジの「大学教育」の内容は，「識字教育」から「カレッジ・レベル」までの範囲に及ぶ．背景には，地域経済発展・国際経済競争の文脈における人材育成の役割という意味合いがあった．これは，コミュニティ・カレッジの「補習教育」概念の基本的枠組みと重ね合わせることにより説明がつく．つまり，コミュニティ・カレッジの「識字教育」とは，「成人基礎教育」とアジア系・ヒスパニック系を中心とする新移民への「ESL識字」であった．これらは，非カレッジ・レベルの「補習教育」に含まれるものである．

「非カレッジ・レベルの『補習教育』」から「カレッジ前レベルの『補習教育』」への連続性をみるとき，「成人基礎教育」「ESL識字」から「GEDテスト準備」「ハイスクール卒業資格取得」などの後期中等教育レベルの内容への学習者の移動について考えなければならない．また，①「学習者移動のシステム（流れ）が確立されている」ということと，②「学習者の移動がある」という2点から考える必要がある．

まず①であるが，結論からいえばシステム化されている．厳密にいえば，カレッジ内での確とした移動システムをみることはできないが，「成人基礎教育」などの『識字レベル』のプログラムを終了した学習者は，希望すればそのすべてが「カレッジ前レベルの『補習教育』」に登録できるということである．これは，コミュニティ・カレッジが積極的にシステム化の確立を進めた結果というよりも，むしろ，コミュニティ・カレッジが「オープン・アクセス」を採用したことによる産物と捉える方が適切であろう．次に②であるが，Toohey, M.A. によれば，「成人基礎教育」を終了した学習者の大半は「GEDテスト準備」か「ハイスクール卒業資格取得」に進むこ

とを希望するという[103]．特に，「GED テスト準備」に参加した学習者より，「ハイスクール卒業資格取得」を終了した者の方が「カレッジ前の『補習教育』」に進み，学位（準学士）取得を目指したり，コミュニティ・カレッジで必要単位修得後4年制大学・カレッジに転学する割合が高い[104]．

(2) カレッジ前レベルの「補習教育」の実状

　カレッジ前レベルの「補習教育」に学ぶ学生には識字レベルの学力の者は存在しないと考えることが一般的であろう．というのも，カレッジ前レベルの「補習教育」に登録するには，ハイスクールの卒業資格を取得していることが条件だからである．しかし，実際には，識字レベルの学力しかもたない学生が「カレッジ前レベルの『補習教育』」に数多く学んでいる．というのも，第2章でも指摘したように，「カレッジ前レベルの『補習教育』科目」「非カレッジ・レベルの『補習教育』科目」のどちらに登録するのかは学力にかかわらず学生（学習者）の希望が優先されるため，「カレッジ・ワーク」に進むことを希望する「補習教育」に学ぶ学生にさえ，「第6学年以下」の学力レベルの者が存在するのである．ハイスクール卒業後相当年数経ている「成人復学生」がそれにあたる．

　ここで，筆者が行ったアンケート結果（1999）を整理してみよう．

　筆者は，「リーディング」「ライティング」「数学」などの科目別に，「第6学年以下」「第7学年～第9学年」「第10学年～第12学年」の段階に区分し，それぞれ「補習教育」学生全体から割合（％）を抽出した．63コミュニティ・カレッジのなかで，39校から有効回答を得た．39カレッジ中25カレッジ（64％）が第6学年以下の学力の学生を抱えているという結果であった．

　ここで，第6学年以下の学力レベルの学生登録をもつコミュニティ・カレッジのなかで，特に，同学力レベルの学生割合が高いコミュニティ・カレッジのデータを整理してみる．まずはブルー・マウンテンである．同カ

レッジは,「リーディング」に登録する学生全体のなかで, 第6学年以下の学力レベルの学生割合は10%, 以下, ライティング (35%)・数学 (40%), フィラデルフィアは, リーディング (25%)・ライティング (25%)・数学 (25%) であった. チッペワ・アレィは, リーディング (30%)・ライティング (30%)・数学 (30%). アンソンは, リーディング (30%)・ライティング (20%)・数学 (50%), コロラド・ノースウエスタンは, リーディング (14%)・ライティング (50%)・数学 (50%). セントラル・カロライナは, リーディング (43%)・ライティング (24%)・数学 (42%). セントラル・メインは, リーディング (40%)・ライティング (35%)・数学 (50%) などという結果を得た. また,「補習教育」科目のなかでも,「数学」科目の登録割合が高くなっていた.

サンプル数としては十分ではないが,「補習教育」に登録する学生のなかで「識字」レベルの学生の割合は低いものではない, という傾向性は示すことができるのではなかろうか.

3. ひとつの提言
　　　—識字レベルの「補習教育」から「カレッジ・ワーク」への関わり—

　本項においては,「補習教育」と「カレッジ・ワーク」の関わりに対する筆者の捉え方, つまりは「カレッジ・ワーク」が許容する「補習教育」の範囲についての見解を述べることを通して, 本書のまとめとしたい.
　筆者は, コミュニティ・カレッジを,「成人基礎教育 (識字教育)」レベルから「カレッジ・ワーク」レベルまでの教育内容を提供する総合教育機関であると捉える. したがって, 筆者の考える「関わり」とは,「非カレッジ・レベルの『補習教育』」と「カレッジ・ワーク」との連続性ということになる. つまり,「あらゆるレベルからカレッジ・ワークへと移行できるシステムの確立」は,「識字レベルの教育内容 (成人基礎教育)」をはじめと

する「補習教育」科目と「カレッジ・レベル」科目との結合をもってなされるものとみなす考え方である．

この見解に対して，予想され得る反論に答えよう．3点ある．1点目は，「補習教育」をコミュニティ・カレッジの教育機能から切り離すべき，とする考えである．その「カレッジ・レベルの学力に到達していない学生」に対する学力保障の場として，初等教育・中等教育機関，あるいはトランジション・スクール（transition schools）などに役割を委譲すべき，というEaten, J.S. に代表される考えである[105]．2点目は，「補習教育」が「カレッジ・ワーク」に関わる場合に生ずる教育（内容）範囲の問題，である．筆者は「補習教育」の関わりの範囲を，「識字レベルの教育内容（成人基礎教育）」から「後期中等教育」の教育内容に設定している．つまり，「識字レベル」にまでその範囲を拡大することに対する Cohen, A.M. らの批判である．第3点目では，2点目の反論を乗り越えることができ得ることを前提として，「識字レベル」の教育内容を「カレッジ・ワーク」のなかに取り込むことは，高等教育機関がもつ役割として適切なのか，という疑念である．

まず第1点目についてである．結論から述べると，これまでの考察に即せばコミュニティ・カレッジの教育実践から「補習教育」を切り離すことは困難である．理由は2つ．ひとつは，コミュニティ・カレッジに学ぶ学生の大半が低学力であり，「補習教育」を切り離すという主張に従えば学生が激減するのは必至で，コミュニティ・カレッジの存続が危ぶまれる事態が予測され得る点である．コミュニティ・カレッジの存続を前提としたとき，低学力の学生を受け入れ，高等教育レベルにまで学力を引き上げることが，コミュニティ・カレッジの伝統的役割であり，高等教育機関として求められる責務となる．その意味において「補習教育」の実践が不可欠なものになるのである．今ひとつは，「補習教育」を切り離すことが，アメリカ高等教育（機関）の実践を否定することになるという点である．というのも，「学力的に十分でない学生」をコミュニティ・カレッジが積極的に受

け入れることによって，アメリカの4年制大学・カレッジは高等教育の大衆化（ユニバーサル化）を実現させてきたという歴史的経緯がある．コミュニティ・カレッジは，「補習教育」をカレッジ・カリキュラムのなかに組み込むことによって，大衆化（ユニバーサル化）の流れに対応してきたのである．結果として，「補習教育」はカレッジ・カリキュラムの「基幹的プログラム」となった．その意味において，コミュニティ・カレッジから「補習教育」を切り離すという主張は，アメリカ高等教育の特長である制度的柔軟性を否定することになるのである．

　2点目に関しては，Eaten, J.S., Cohen, A.M. ともに，筆者とは異なった認識をもつ．Eaten, J.S. は「補習教育」の関わる範囲を「限定されたもの」として捉えている．前期中等教育以下の学力レベルの学生は，「カレッジ・ワーク」から切り離すべきとする考えである．Cohen, A.M. も同様である．というのも，彼は「初等・中等教育レベルでの基礎教育強化という改革のなかで，伝統的カレッジ年齢の学生に対する補習教育の負担が軽減される」[106]ことを期待しているからである．両者とも「限定された教育範囲」の「補習教育」にて「カレッジ・ワーク」と関わるべき，という見解で一致している．筆者は，「補習教育」が関わるべき教育範囲について Cohen, A.M. 氏に書簡にて質問を実施した．そこで氏に，筆者の視点である「成人基礎教育」レベルからの「カレッジ・ワーク」への関わりについての意見を求めたところ，氏は，「第6学年レベルの学力レベルしかもたない学生の大半は，準学士の学位を取得できる確率が極めて低い」と回答した[107]．しかし実際，前項で指摘したように，「カレッジ・ワーク」に進むことを希望する「補習教育」に学ぶ学生にさえ，「第6学年以下」の学力レベルの学生が多数存在する．

　次に，「初等・中等教育レベルの基礎教育強化という改革のなかで，伝統的カレッジ年齢の学生に対する，コミュニティ・カレッジが施す補習教育の負担が軽減される」という Cohen, A.M. の見解について反論しておきた

い．これは「最近ハイスクールを卒業した学生」に限定された指摘であり，識字レベルの基礎学力の向上を求める「成人学生（学習者）」は含まれていない．コミュニティ・カレッジに入学（登録）する学生の大半は「非伝統的学生」であり，その修学パターンもいわゆる「ストップイン・ストップアウト」(stop-in, stop-out)[108]を繰り返す者達である．「補習教育」に登録する学生も同様の傾向をもつ．その点から「補習教育」の負担が軽減されると捉えることは，現実的ではない．彼らのなかには，ハイスクール卒業後，相当年数を経ている者も多い．これは，成人学生（学習者）が，ハイスクールにて学んだ事項を忘却している，という可能性を導き出す．「補習教育」の内容が，識字レベルから中等教育レベルまでを含まざるを得ない，とする根拠をこの点からも求めることができる．

　第3点目である．上の考察により，「カレッジ前レベルの補習教育」に学ぶ学生にさえ，初等教育レベルの学力しかもたない者がいることが明らかになった．問題は，この現実をどのように捉えるか，である．なるほど，Cohen, A.M. が指摘するように「第6学年の学力レベル学生の大半」は，準学士の学位を取得するのは困難かもしれない．ここで，このレベルの学生をコミュニティ・カレッジから切り離すのか，あるいは重視しないのか，という問題が生ずる．仮に「切り離すものではないが，その教育範囲を限定する」という，Eaten, J.S. や Cohen, A.M. らの方針をコミュニティ・カレッジがとる場合，コミュニティ・カレッジの伝統的実践を放棄することにならないのか．また放棄すべき営為なのか．この疑問に答えるためには，これまでの考察により明らかになった「前提」に拘泥することが示唆的であろう．この前提とは，コミュニティ・カレッジの「地域経済発展への貢献」という指標である．この指標から考えるとき，「識字レベルからカレッジ・レベルの教育」を施すことがコミュニティ・カレッジの責務となることが明らかとなった．この場合の「識字レベル」に対応する教育プログラムとは，「補習教育」概念の伝統的枠組みが拡大（基本枠組み）したことに

より組み入れられることになった「成人基礎教育」「GEDテスト準備」「ハイスクール資格取得」などの「非カレッジ・レベルの補習教育」プログラムである[109]．したがって，学生（学習者）が，この「非カレッジ・レベルの補習教育」から「カレッジ前レベルの補習教育」，「カレッジ前レベルの補習教育」から「大学機能」へのスムーズな移動ができ得るためのシステム構築が不可欠なものとなってくるのである．この「連続性」は，非カレッジ・レベルの「補習教育」を「カレッジ・ワーク」に積極的に関わらせることによって実現可能と考える．

[註]

1) 一般的に，ESLに学ぶ留学生と区別するという意味において，'regular studtents' を使用することが多い．一方において，フル・タイムで学ぶ学生を 'regular studtents' と呼ぶことがある．「フル・タイム」学生とは，通常課せられた履修単位の少なくとも75％を登録する学生を指す（National Center for Education Statistics. *The Condition of Education 1997*. U.S. Office of Educational Research and Improvement, U.S. Department of Education, 1997, p.391）．

2) 本書では，「基幹的プログラム」の第一義的意味合いを，「コミュニティ・カレッジがレーゾン・デートルを顕示するために中心的役割を担う教育営為」と捉えている．加えて，「基幹的プログラム」を「コア・プログラム」と同義に使用している．これは，「基幹的プログラム」が，アカデミック・カリキュラムの「核プログラム」であることを意味する．

3) 「アカデミック文化」の「アカデミック」であるが，本書では，それを「学位・転学プログラム」の教育営為に限定している．

4) McGrath, D. and Spear, M.B. *The Academic Crisis of The Community College*. Albany: State University of New York Press, 1991, p.44.

5) 「基礎必須教育」科目（prerequisite）とは，ある科目を登録（履修）する前に必ず履修しなければならない科目．例えば，「中級化学」（Intermediate Chemistry）を履修するためには，「初級化学」（Elementary Chemistry）あるいは「入門化学」（Introductory Chemistry）の履修が前提条件（prerequisite）となる．4年制大

学・カレッジが，コミュニティ・カレッジからの転学に対して必ずしも積極的ではない理由のひとつに，コミュニティ・カレッジの転学科目は「一般教育」科目であり，その大半が「基礎必須教育」科目を必要としていないということが挙げられる．実際，4年制大学・カレッジの多くは，「基礎必須教育」科目を要件としない科目を「カレッジ」科目とは認定していない．Cohen, A.M., Brawer, F.B. らの調査 (1983) によると，「基礎必修教育」科目を要件としない「一般教育」科目が「科学系では65％を占め，「社会科学」系は79％．「数学」にいたっては，25％のみが「入門クラス」で残りの60％は「補習数学」であった (*The Collegiate Function of Community Colleges.* San Francisco: Jossey-Bass, 1987, pp.32-34).

6) McGrath, and Spear, 52-53.
7) McGrath, and Spear, 53.
8) McGrath, and Spear, 17.
9) Richardson, R.C., Jr., Fisk, E.C., and Okun, M.A. *Literacy in the Open-Access College.* San Francisco: Jossey-Bass, 1983 (McGrath, and Spear, 15).
10) McGrath, and Spear, 17, 19.
11) Cohen, A.M. "Responding to Criticism of Developmental Education." In A.M. Ahrendt (ed.), *Teaching the Developmental Education Student.* New Directions for Community Colleges, no.57. San Francisco: Jossey-Bass, 1987, p.3.
12) National Center for Education Statistics, Statistical Analysis Report October 1996. *Remedial Educaiton at Higher Education Institutions in Fall 1995*, U.S. Office of Educational Research and Improvement, U.S. Department of Education, 9-10.
　Cohen, A.M., Brawer, F.B. によれば，ニュージャージー州（1980年代）ではコミュニティ・カレッジに入学（登録）してくる学生の3分の1が「補習教育」を必要とするという傾向は1994年の調査でも変化がないという．またワシントン州の1985年の調査では，半数が「英語」「リーディング」「数学」の学力が欠如しているという結果となっている．オクラホマでは44％（1993），テキサス州では40％（1987）であるという．単カレッジのデータでは，Rockland Community College（ニューヨーク州：1989）では入学者の40％以上が「補習教育」へ送られるといい，Shelby State Community College（テネシー州：1988）では，88％の学生（first-time students entering college）が「補習教育」コースへ振り分けられる〈*The*

American Community College (3rd ed.). San Francisco : Jossey-Bass, 1996, p.257〉.

13) McGrath, and Spear, 25.
このような学生は,「学力的に危機的状況をもつ学生」(high-risk students) と称されることが多い.つまり「カレッジ・レベルのワークをこなすには,準備不足 (ill-prepared) な学生」を指す.「学習習慣」「基礎学習技能 (3R's)」などが欠如しており,一般にハイスクールの成績は,クラスで後ろから数えて3番目程度の者であることが多い.このような学力レベルの学生が,コミュニティ・カレッジにやってくる.自信の欠如・自己イメージの低さが彼らの特徴とされている〈Barshis, D.E., and Guskey, T.G. "Providing Remedial Educaiton." In G.E. Vaughan and et al. (eds.). *Issues for Community College Leaders in a New Era.* San Francisco: Jossey-Bass, 1983, p.78〉.

14) Roueche, J.E., Baker, G.A. III., OmahaBoy, N.H., and Mullins, P.L. *Access & Excellence : The Open-Door College.* Washington, D.C.: American Association of Community and Junior College, 1987, p.7.

15) McGrath, and Spear, 43.

16) McGrath, and Spear, 22.

17) Cohen, and Brawer, *The American Community College (3rd ed.)*, 261.

18) Barshis, and Guskey, 79.

19) Barshis, and Guskey, 99.

20) McGrath, and Spear, 44.

21) Roueche, Baker III, OmahaBoy, and Mullins, 6.

22) Spann, M.G., and McCrimmon, S. "Remedial / Developmental Education : Past, Present, and Future." In G.A. Baker III (ed.). *A Handbook on the Community College in America : Its History, Mission, and Management.* Connecticut : Greenwood Press, 1994, p.161.

23) Spann, and McCrimmon, 163.

24) Spann, and McCrimmon, 171.

25) Cohen, and Brawer, *The American Community College (3rd ed.)*, 273-274.

26) Cohen, 3.

27) Cohen, 4.

第4章 カレッジ・ワークとの連続性　155

28) Barshis, and Guskey, 79.
29) Barshis, and Guskey, 82.
30) Barshis, and Guskey, 98.
31) Boggs, G.R., and Cater, J.J. "The Historical Development of Academic Programs in Community Colleges." In G.A. Baker III (ed.). *A Handbook on the Community College in America: Its History, Mission, and Management.* Connecticut: Greenwood Press, 1994, pp.223-224.
32) Richardson, R.C., Jr., and Bender, L.W. *Fostering Minority Access and Achievement in Higher Education : The Role of Urban Community Colleges and Universities.* San Francisco: Jossey-Bass, 1991, pp.38-65.
33) Roueche, Baker III, OmahaBoy, and Mullins, 72.
34) Mellander, G.A., and Robertson, B. "Tradition and Transformation : Academic Roots and the Community College Future." In B.W. Dziech and W.R.Vilter (eds.). *Prisoners of Elitism : The Community College's Struggle for Stature.* New Directions for Community Colleges, no.78, 1992, p.13.
35) McGrath, and Spear, 37.
36) McGrath, and Spear, 45-46.
37) 1984年のネバダ州の大学システム，1983年のカリフォルニア州中等後教育委員会など (Cohen, 4)．
38) Boggs, and Cater, 223-224.
39) 筆者が，コミュニティ・カレッジへ実施したアンケート (1997～1998) より判断した．イースト・セントラル・コミュニティ・カレッジ (East Central Community College) などは，「高等教育機関の『補習教育』をコミュニティ・カレッジが施すことは，今やコミュニティ・カレッジのなかでは共通認識となっている」と主張する．
40) Cohen, A.M., and Brawer, F.B. *The Collegiate Function of Community Colleges : Fostering Higher Learning Through Curriculum and Student Transfer.* San Francisco: Jossey-Bass, 1987, p.24.
41) Cohen, A.M., and Ignash, J. "Total Community College Curriculum Study 1991." *In Probing the Community College Trasnfer Function.* Washington, D.C.: National Center for Academic Achievement and Transfer, American Council on Education, 1993, pp.13-29.

42) Cohen, and Brawer, *The Collegiate Function*, 135.
43) Cohen, and Brawer, *The Collegiate Function*, 40, 150.
44) Cohen, and Brawer, *The Collegiate Function*, 6.
45) Cohen, and Brawer, *The Collegiate Function*, 177.
46) Spann, and McCrimmon, 162.
47) Cohen, and Brawer, *The Collegiate Function*, 191.
48) Cohen, and Brawer, *The Collegiate Function*, 7.
49) Cohen, and Brawer, *The Collegiate Function*, 191.
50) Cohen, and Brawer, *The Collegiate Function*, 10.
51) Cohen, and Brawer, *The Collegiate Function*, 9.
52) Cohen, and Brawer, *The Collegiate Function*, 22.
53) Cohen, and Ignash, 14.
54) Cohen, and Ignash, 17.
55) Cohen, and Ignash, 17.
56) Cohen, and Brawer, *The Collegiate Function*, 108.
57) Cohen, and Brawer, *The Collegiate Function*, 40.
58) Cohen, and Brawer, *The Collegiate Function*, 135.
59) Cohen, and Brawer, *The Collegiate Function*, 139.
60) Cohen, and Brawer, *The Collegiate Function*, 139.
61) Cohen, and Brawer, *The Collegiate Function*, 202.
62) Cohen, and Brawer, *The Collegiate Function*, 39.
63) Cohen, and Brawer, *The Collegiate Function*, 213.
64) Cohen, and Brawer, *The Collegiate Function*, 39.
65) Noel, L., Levitz, R., Saluri, D. and Associates. ***Increasing Student Retention: Effective Programs and Practicies for Reducing the Dropout Rate.*** San Francisco: Jossey-Bass, 1985, p.x.
66) Noel, Levitz, Saluri, and Associates, 5.
67) Cohen, and Brawer, *The American Community College (3rd ed.)*, 62–63.
68) Cohen, and Brawer, *The American Community College (3rd ed.)*, 61.
69) Cohen, and Brawer, *The American Community College (3rd ed.)*, 64.
70) Cohen, and Brawer, *The American Community College (3rd ed.)*, 63.

第4章 カレッジ・ワークとの連続性 *157*

71) Cohen, and Brawer, *The American Community College (3rd ed.)*, 64-65.
72) Cohen, and Brawer, *The American Community College (3rd ed.)*, 260-261.
73) Cohen, and Brawer, *The American Community College (3rd ed.)*, 261-262.
74) National Center For Education Statistics, *Remedial Education*, 23.
75) National Center For Education Statistics, *Remedial Education*, 21.
76) Spann, and McCrimmon, 161.
77) Barshis, and Guskey, 84.
78) Donovan, R.A. "Creating Effective Programs for Developmental Education" In W.L. Deegan, and D. Tillery (eds.). *Renewing the American Community College : Priorities and Strategies for Effective Leadership.* San Francisco : Jossey-Bass. 1985, p.110.
79) Roueche, J.E., and Kirk, R.W. *Catching Up : Remedial Education.* San Francisco : Jossey-Bass. 1974, p.11.
80) Cohen, and Brawer, *The American Community College (3rd ed.)*, 263.
81) Roueche, and Kirk, 22-23.
82) Roueche, and Kirk, 23.
83) Barshis, and Guskey, 85.
84) Roueche, J.E. が連続性を重視していないわけではない．むしろ，専門的資質・技術をもった教員や体系立ったカリキュラムをもつ「補習教育」にて，学生が「カレッジ・レベル」の学力に到達するまで，じっくりと学ぶ機会を提供すべきであるという考え方である（Roueche, J.E., and Roueche, S.D. *High Stakes, High Performance : Making Remedial Education.* Washington, D.C.: Community College Press, 1999., Roueche, J.E., Johnson, L.F., Roueche, S.D., and Associates. *Embracing the Tiger.* Washington, D.C.: Community College Press, 1997., Roueche, J.E., and Roueche, S.D. *Between a Rock and a Hard Place : The At-Risk Student in the Open-Door College.* Washington, D.C.: Community College Press, 1993）．
85) この場合の「識字」は，「カレッジ・ワーク」をフォローでき得る学力を指す．
86) Cohen, 3-10.
87) Cohen, 3-10.
88) Richardson, Fisk, and Okun, 63-72.

89) Cohen, 3-10.
90) Cohen, 3-10.
91) Cohen, and Brawer, *The American Community College (3rd ed.)*, 259.
92) Cohen, and Brawer, *The American Community College (3rd ed.)*, 274.
93) Cohen, and Brawer, *The American Community College (3rd ed.)*, 274.
94) Eaten, 154.
95) Eaten, 154.
96) Donovan, 117, 124.
97) Perin, D. "Using Academic-Occupational Integration to Improve Remedial Instruction." *Community College Journal*, 1999, 69(5), 26-31.
98) Perin, 26-31.
99) Perin, 26-31.
100) Perin, 26-31.
101) Perin, 26-31.
102) Perin, 26-31.
103) 1998年8月に行ったピアス・カレッジ (Pierce College：ワシントン州) の「補習教育」の責任者である Toohey, M.A. 氏へのインタビューのなかでの氏の発言.
104) ワシントン州のコミュニティ・カレッジにアンケート調査したなかでの回答 (1993年10月実施). ウェナチー・バレィ (Wenatchee Valley College), グリーン・リバー (Green River Community College) などが同見解を示した.
105) Eaten, J.S. *Strengthening Collegiate Educaiton in Community Colleges*. San Francisco：Jossey-Bass, 1994, pp.155-157.
106) Cohen, and Brawer. *The Collegiate Function*, 191.
107) 筆者による書簡での質問に対する, Cohen, A.M. 氏の回答 (1998年12月)
108) 1単位か2単位を登録し, 気軽にカレッジを去り再び登録してくる状態をいう. 概して, パート・タイム学生に多い.
109) 全米補習教育センター長 Boylan, H.R. 氏は, まずはじめに伝統的「補習教育」と「成人基礎教育」を区別すべきであるという. 氏によれば, 基本的に「補習教育」とは基礎学習技能をすでに習得している学生を対象としているからであるという (しかし, 実際には「補習教育」では, この技能を施しているコミュニティ・カレッジも多い).「成人基礎教育」は, 産業レベルでの読み書き計算がその内容である

が,「補習教育」は,カレッジ・レベルの「リーディング」「ライティング」「数学」のスキルである.その意味において,「成人基礎教育」は「補習教育」と異なり,正規のカリキュラムのなかにその要素が含まれるものではないという見解を示す.しかし,「補習教育」と「成人基礎教育」は分断されるべきではなく,拡張可能なシステムに組み入れられるべきと主張する(筆者による書簡での質問に対する,全米補習教育センター長 Boylan, H.R. 氏の回答: 1998 年 8 月).

主要「補習教育」協会

＊「補習教育」を総合的に研究することを目的とした団体は，全米レベルでは「全米補習教育協会」「カレッジ・リーディング・ラーニング協会」である．個々の「補習教育」科目を中心に研究している団体（例えば，「アメリカ数学協会」など）も存在するが，ここでは割愛する．主要2協会と「全米補習教育センター」の問い合わせ先は以下の通り．

- 全米補習教育協会
  (National Association for Developmental Education)
  住所：National Association for Developmental Education 1234 Pembrooke Drive Warrensburg, Missouri 64093
  電話：1-888-705-4053
  fax：1-660-747-3214
  web address：http://www.nade.net

- カレッジ・リーディング・ラーニング協会
  (College Reading & Learning Association)
  住所：College Reading & Learning Association Member Services P.O.Box 6251 Auburn, California 95604
  電話：530-823-1076
  fax：530-823-6331
  web address：http://www.crla.net

●全米補習教育センター
(National Center for Developmental Education)
住所 : National Center for Developmental Education Reich College of Education
　　　Appalachian State University Boone, North Carolena 28608
電話 : 1-828-262-3057
fax : 1-828-262-2128
web address : http://www.ncde.appstate.edu

初出一覧

＊各章の内容はそれぞれ全面的に加筆修正されているが，初出はおおよそ次に示す通りである．

第1章　第1節　「コミュニティ・カレッジのアイデンティティ・プロブレム」『関西教育学会紀要』第23号，1999年．
　　　　第2節　書き下し
　　　　第3節　書き下し
第2章　第1節　書き下し
　　　　第2節　「アメリカ・コミュニティ・カレッジの『補習教育』－概念的把握と基本的枠組み－」『アメリカ教育学会紀要』第10号，1999年．
　　　　第3節　「米国コミュニティ・カレッジ『発達教育プログラム』の教育的役割　― Development の解釈を手掛かりとして―」『関西教育学会紀要』第19号，1995年．
第3章　第1節　書き下し
　　　　第2節　「米国コミュニティ・カレッジの教育的役割（2）―高校卒業資格取得コースを手掛かりに―」『関西教育学会紀要』第20号，1996年．
　　　　第3節　書き下し
第4章　第1節　「コミュニティ・カレッジ『補習教育』担当教員の役割（1）」『中九州短期大学紀要論叢』第25巻第1号，1999年．
　　　　第2節・3節　書き下し
　　　　第4節　書き下し

あとがき

　約 20 年前のことである．アメリカの大学院への留学を漠然と考えていた筆者は，書店で何気なく手にした留学本から，高卒資格なく入学できるカレッジが存在するという情報を得た．そのカレッジとは，コミュニティ・カレッジであった．今となって考えるに，筆者がコミュニティ・カレッジの「補習教育」に関心をもつことになったのは，それがきっかけだった．後に「高卒資格なく入学できるカレッジ」のからくりが，「補習教育」概念を拡大解釈することにより組み入れられることになった「ハイスクール卒業資格取得」「GED テスト準備」であることを知ったときの軽い衝撃は，忘れることができない．その数年後アメリカの大学院に留学するわけであるが，その「衝撃」もあり，自分の研究分野（英語教育：classroom teaching, English）とは別に，いつか「コミュニティ・カレッジ」について本格的に研究したいと考えていた．しかし，コミュニティ・カレッジ研究に足を踏み入れる直接のきっかけとなったのは，アメリカ大学日本校に勤務したことである．たまたまその大学が，コミュニティ・カレッジということもあったが，そこで「カレッジ・ワーク」と「補習教育」（特には ESL）それぞれの内容と両者の連続性を体感することができた．

　このように，研究分野設定のきっかけが，筆者の意図的ではない部分に支配されてきた感は否めなく，日本の大学院で修士課程・博士課程を通してコミュニティ・カレッジの「補習教育」について研究することになったことに，何か運命的なものを感じている．コミュニティ・カレッジの「補習教育」について研究をはじめて約 10 年経つ．しかし，未だ研究は不十分である．これもすべて筆者の努力・実力不足によるところと自覚している．ということもあり，本書が特に「リメディアル教育」「ガイダンス教育」に

関心がある方々にとって，納得のいく内容になったかどうか自信はない．すべては読者の判断に委ねるしかない．

本書をまがりなりにもまとめることができたのは，その過程でいろいろな方からの助言と協力があったからである．ここに記して，感謝の意を表したい．

まずは，平原春好先生（神戸大学名誉教授，現帝京大学教授）である．平原先生には，大学院時代の修士課程・博士課程を通して，研究たるものの意味をご教示いただいた．碩学と称される先生の研究に対する熱意と取り組む姿勢に触れられたことは，研究を続ける上において大きな励みとなった．次は，土屋基規先生（現神戸大学教授，前発達科学部長，前大学教育研究センター長）である．先生には，博士課程在籍時に懇切丁寧なご指導をいただいた．この経験なくして，本書を上梓することはできなかった．他には，修士課程時代から継続して励ましていただいた末本誠先生（現神戸大学教授），アメリカ高等教育について有益なコメントをくださった川嶋太津夫先生（大学教育研究センター教授），「神戸大学教育学会」立ち上げのなかで，いろいろと研究についてアドバイスをいただいた船寄俊雄先生（現神戸大学助教授）などにお礼を申し上げたい．

研究の過程で様々なアメリカの研究者・教育実践者と知り合うことができた．とりわけ，Hunter R. Boylan 氏（全米補習教育センター長，教授），Patrick Saxon 氏（全米補習教育センター準教授），補習教育ジャーナル誌の Jennifer Taylor 氏（編集局長），Barbara Calderwood 氏（編集・広告部長）にはお世話になった．Hunter R. Boylan 氏は，「補習教育」研究の第一人者ということもあり，氏の助言は研究を進める上において貴重なものとなった．Jennifer Taylor 氏には，補習教育ジャーナル誌の創刊号から最新号までのすべてを送っていただいた．同ジャーナル誌が入手できなければ，本研究は遅々として進まなかった．

筆者のアンケート調査に快く回答してくださった主としてコミュニティ・

カレッジ関係者の協力を忘れることはできない．なかでも，全米補習教育協会（NADE）の海外担当責任者である Antoinette B. d'Oronzio 氏（Hillsborough Community College）には，アンケート調査の際，格別の配慮をいただいた．また，同協会が主催する研究学会での発表を筆者に打診していただいた．

最後であるが，出版の機会を与えてくださった（株）大学教育出版の佐藤守氏に心からお礼を申し上げたい．

2001年1月

谷川　裕稔

索　引

developmental education
　　17, 47, 49, 51, 53, 55, 57, 60, 62, 63, 64, 65, 66, 75
remedial education　…　49, 53, 54, 55, 56, 57

あ行
アカウンタビリティ ………………………… 96
アカデミック知識 …………………………… 26
アカデミック文化 …………………………… 116
新しい学生 ……………………… 48, 116, 117
アパラチアン州立大学 …………………… 103
一般教育
　　17, 28, 32, 33, 119, 122, 126, 127, 128, 144
応用アカデミック科目 …………………… 145
応用職業技術訓練 …………………………… 26
応用アカデミック知識 …………………… 26
オープン・アドミッション制 …………… 17

か行
ガイダンス教育 ………………… 1, 3, 163
開発教育 ……………………………………… 62
学習支援プログラム ……………………… 132
学習者 ……………………………… 17, 62
学習習慣の欠如 ……………………………… 91
隠れたカリキュラム ……………………… 125
学科統合型 …… 101, 135, 136, 137, 140, 144
カレッジ・カリキュラム ………… 4, 15, 142
カレッジ・リーディング・ラーニング協会　50
カレッジ・レベル ………………… 32, 115
カレッジ・ワーク
　　1, 32, 34, 115, 135, 143, 148, 149, 150, 152
「カレッジ」科目 ……… 34, 51, 139, 144, 145
カレッジ学齢者 ……………………………… 91
カレッジ前レベルの「補習教育」　60, 61, 75
基幹的プログラム ………………… 4, 115, 119

危機的状況にある学生 …………………… 117
基礎学習技能 ……………… 94, 127, 132, 141
基礎的 3R's ………………………………… 24
「基礎必須教育」科目
　　………………… 3, 116, 126, 128, 145, 152
機能的成人 …………………………………… 57
逆転学学生 …………………………………… 34
キャリア（職業）教育 …………………… 123
教育機能不全 ………………………………… 16
教員研修 ……………………………… 85, 103
教員の最下層 ……………………………… 139
教材開発 ……………………………………… 90
教授法開発 …………………………………… 90
クラス教授法 ……………………………… 142
ケロッグ財団 ……………………………… 103
コア・スキル ……………………………… 128
高等教育法 …………………………………… 48
高度な学習内容 …………………………… 141
公民権法 ……………………………………… 48
コミュニティ・カレッジの識字規範 …… 117
コミュニティ・カレッジ研究センター
　　………………………… 28, 30, 124, 125
コミュニティ・サービス ………………… 17
混種科目 …………………………………… 145
コンビネーション教授 …………………… 131

さ行
サポート・サービス ……………………… 142
資格取得実用講座 ………………………… 103
識字教育 ……………………………………… 17
自己実現 ……………………………………… 65
自主学習活動 ……………………………… 142
ジュニア・カレッジ ……………………… 47
（準）専門職 ……………………………… 28
職場における識字力 ……………………… 25
人的資源の開発（人材育成）…………… 21

索引　*167*

「スキル」科目 …………………………… 145
スキルブック ……………………………… 102
スクリーニング機関 ……………………… 118
ストップイン・ストップアウト ………… 151
スミス・ヒューズ法 ……………………… 40
正規の学生 ………………………………… 115
正規の科目領域 …………………………… 136
成人復学生 ……………………… 59, 62, 147
全米教育統計センター ……………… 75, 76
全米コミュニティ・ジュニア・
　カレッジ協会 ……………………… 23, 58
全米補習教育協会（NADE）
　………………………… 50, 58, 59, 60, 103
全米補習教育センター …………………… 103
　た行
大学院プログラム ………………………… 85
地域経済発展 ……………… 18, 19, 20, 22, 23, 27
地域州立総合4年制大学 …… 18, 21, 33, 34
注入科目 …………………………………… 144
注入職業科目 ……………………………… 145
治療教育 …………………………………… 67
低学力の学生 ……………………………… 48
定着
　59, 80, 87, 119, 129, 130, 131, 132, 133,
　134, 135
転学 ………………………… 17, 33, 91, 120
伝統的学生 ………………………………… 130
伝統的枠組み ……………………………… 53
動機の欠如 ………………………………… 87
同時登録（履修） ……………… 82, 143, 144
ドロップ・アウト ………………………… 88
　な行
ネガティブなトーン ……………………… 56
　は行
パート・タイム教員 ……………………… 86
発達教育 …………………………………… 62
発展教育 …………………………………… 62
半専門的職業資格・教育 ………………… 17

非選抜入学（登録）制 ………… 34, 118, 119
必修科目要件 ……………………………… 116
非伝統的学生 …………………… 49, 116, 121, 130
批判的思考力 ……………………………… 32
非カレッジ・レベルの「補習教育」
　……………………………………… 60, 61, 75
非リベラル・アーツ …………… 28, 30, 31
フル・タイム教員 ………………………… 92
プレイスメント・テスト ………………… 83
分離学科型 ………………………………… 101
包括的技能 ………………………………… 24
ポジティブなイメージ …………………… 66
補習教育ジャーナル ………………… 50, 103
補習教育の基本的枠組み ………………… 60
　ま行
マイノリティ ……………………………… 49
マスタープラン …………………………… 33
学び方学習 ………………………………… 25
慢性的財源不足 …………………………… 88
モリル法 …………………………………… 40
問題解決 ……………………………… 24, 32
　や行
ユニバーサル化 ……………………………   3
　ら行
履修要件 …………………………………… 127
リベラル・アーツ ………… 17, 28, 122, 125
リメディアル教育 …………………… 1, 2, 3
レーゾン・デートル ……………………… 152
連結科目／群生科目 ……………………… 144
労働市場 ……………………………… 20, 121

人名索引

Boyer, E.L. ･･････････････････････ 19
Boylan, H.R. ･･････････････････ 68, 72, 85, 114
Bryant, D.W. ････････････････････････ 23
Clinton, W.J. ･････････････････････ 23, 40
Clowes, D.A. ･････････････････････ 55, 56, 57
Cohen, A.M.
   18, 31, 117, 118, 120, 124, 130, 139, 140,
   141, 142, 149, 150, 151
Cross, K.P. ･･････････････ 48, 54, 78, 86, 87
Donovan, R. ･･････････････････ 48, 50, 144
Eaten, J.S.･･････････････････ 149, 150, 151
Flexner, A. ･･････････････････････････ 18
Ignash, J.M. ･････････････････････ 28, 31
Kerr, C. ･･････････････････････ 19, 20, 21

Maslow, A. ･･････････････････････････ 65
McGrath, D. ･･････････････････････ 116, 121
Noel, L. ･････････････････････････ 87, 130
Parnell, D. ･･････････････････････ 20, 21, 33
Perin, D. ･･･････････････････････ 144, 145
Richardson, R.C. Jr. ･･････････ 116, 121, 141
Roueche, J.E. ･･････････････････ 138, 139, 140
今村令子 ･････････････････････････････ 109
川口仁志 ･････････････････････････････ 73
喜多村和之 ･･･････････････････････････ 73
塚田富士江 ･･･････････････････････････ 73
新田照夫 ･････････････････････････････ 23
二宮厚美 ･････････････････････････････ 64

■著者紹介

谷川　裕稔（たにがわ　ひろとし）
1958 年　徳島県生まれ
　　　　神戸大学大学院文化学研究科
　　　　後期 3 年博士課程単位修得退学
現　在　中九州短期大学 専任講師，学術博士
専　攻　大学教育論・社会教育学
主　著　『文科系短大生のためのスタディ・スキルズ』（共著，大学教育出版，2001 年），『気になる子どもの見方・とらえ方』（共著，明治図書，2000 年），「アメリカ・コミュニティ・カレッジの『補習教育』―概念的把握と基本的枠組み―」『アメリカ教育学会紀要』第 10 号（単著，1999 年）など．

アメリカ・コミュニティ・カレッジの**補習教育**

2001 年 4 月 25 日　初版第 1 刷発行

■著　者────谷川　裕稔
■発行者────佐藤　正男
■発行所────株式会社 **大学教育出版**
　　　　　　〒700-0951　岡山市田中 124-101
　　　　　　電話 (086)244-1268　FAX (086)246-0294
■印刷所────サンコー印刷㈱
■製本所────日宝綜合製本㈱
■カバー画───森﨑加世子
■装　丁────ティー・ボーンデザイン事務所

© Hirotoshi Tanigawa 2001, Printed in Japan
検印省略　　落丁・乱丁本はお取り替えいたします
無断で本書の一部または全部の複写・複製を禁じます

ISBN4-88730-425-0